JACQUES STAEHLE

EFFACER LE **VENTRE**

Conseils et exercices pratiques

PIKTOS Poche

Crédits illustrations : jacopin/bsip, science picture company/bsip, spl-sciepro/bsip, Caroline Arquevaux/bsip, kermoal /bsip.

ISBN : 978-2-487771-24-6

Création graphique et mise en pages : Jessica Maestripieri et Soft Office

PiKtos Poche
Une marque du groupe éditorial Piktos
355, rue de la Montagne-Noire
31750 Escalquens
contact@piktos.fr

www.piktos.fr
@groupe.piktos
Groupe Piktos

Avertissement

Ni l'auteur ni l'éditeur ne sont responsables des dommages présumés ou réels qui pourraient découler d'une mauvaise pratique ou interprétation des lecteurs, ou de l'application directe ou indirecte des conseils présentés dans cet ouvrage.
Les recommandations contenues dans ce livre ne remplacent pas le diagnostic et les conseils des services médicaux, et ne doivent en aucun cas se substituer à un traitement médical.

Je tiens à remercier le photographe José Crespo pour ses prises de vues et Yun Qin Hamel pour son rôle de modèle.

Avec mon meilleur souvenir et mes remerciements à Chantal de Rudder pour son aide précieuse lors de l'élaboration de la toute première version d'*Effacer le ventre*, au milieu des années 1970.

Du même auteur

L'Énergie qui guérit

Les chakras de la guérison

Les messages du corps – Quand nos cellules nous parlent

Vaincre son diabète de type 2 – Tout ce que vous devez savoir pour le guérir ou y échapper

Mes secrets de longévité – Une encyclopédie pratique du bien-vieillir

Pour tout renseignement et connaître l'ensemble des ouvrages de Jacques Staehle :
www.digitopuncture.net

Si vous désirez assister à des conférences ou suivre des séminaires de l'auteur :
jacques.staehle@gmail.com

INTRODUCTION – EFFACER LE VENTRE POUR ÉPANOUIR LE CORPS

Combien d'espoirs déçus !

Il ne suffit pas pour avoir un ventre plat de faire de la gymnastique, de se priver de nourriture ou d'acheter l'appareil et la crème merveilleuse vantée par la publicité.

Beaucoup de gens à la silhouette aujourd'hui encore alourdie malgré des efforts sérieux et des résolutions draconiennes vous le diront. Pourquoi ? Parce qu'il ne suffit pas d'augmenter les dépenses d'énergie et de diminuer les rentrées en faisant de l'exercice et en mangeant moins pour se débarrasser de la graisse superflue.

À l'origine de cette poche adipeuse, il y a des organes intoxiqués par des mauvaises digestions successives. Résultat : un encrassement du corps. Or la graisse aime à se loger là où l'organisme fonctionne mal. Avant tout, être un ventripotent, c'est souvent être un ballonné. Les raisons de la ventripotence sont plutôt à rechercher à l'intérieur du ventre qu'à l'extérieur.

Expliquons-nous. Les causes véritables d'un abdomen proéminent sont non seulement une alimentation trop riche, mais aussi et surtout, une nourriture mal adaptée, perturbante et génératrice de digestions difficiles.

Les notions habituelles de diététique basses calories et de gymnastique sont insuffisantes parce qu'elles ne tiennent pas compte de ce facteur primordial chez tous ceux qui ont tendance à avoir du ventre : une digestion qui se réalise mal.

Pour les bienfaits de tout le monde, et pour tous les ventripotents en particulier, il faudrait arriver à révolutionner les conceptions médicales du bien manger et du bien boire en y incorporant un nouvel élément : **ne manger que ce que l'on est capable de parfaitement digérer, suivant les possibilités digestives enzymatiques de chacun**.

Des aliments insuffisamment digérés, parce qu'incompatibles avec nos possibilités digestives enzymatiques, vont provoquer des fermentations à l'intérieur du tube digestif, des putréfactions et des gaz. Les intestins gonflés vont se distendre. Esthétiquement, la conséquence d'une telle dilatation est mal acceptée.

Mais contrairement à la croyance commune, c'est surtout la santé qui va en subir les dommages futurs. Les problèmes digestifs, parfois même silencieux ou finalement acceptés, sont décisifs pour l'équilibre physiologique.

L'aspect extérieur est le reflet des désordres internes. C'est un leurre de croire qu'il est possible d'arranger l'apparence sans avoir soigné le fondamental. La bonne marche à suivre est de réparer l'intérieur, les organes déficients, tout en façonnant l'extérieur, la musculature. On préviendra ainsi bien des maux futurs et on retrouvera une énergie sans précédent.

C'est pourquoi ce livre vous propose en premier lieu de comprendre succinctement les mécanismes de la digestion, de l'absorption et de l'élimination. Je vous invite à favoriser l'ensemble de ces fonctions et par là même éviter tous les troubles liés à leur dysfonctionnement : lourdeur digestive, ballonnement, gaz intempestifs, constipation, diarrhée, éructation, brûlures d'estomac, aigreurs, colites.

Cet ouvrage réunit ainsi à la fois des conseils alimentaires, des techniques spéciales tirées du yoga et de la médecine ayurvédique, des descriptions liées au massage de points énergétiques, à la réflexologie, aux vitamines, aux plantes et aux compléments alimentaires. Vous retrouverez un ventre plat, une santé et un dynamisme incomparables.

Je sais de quoi je parle : je fus ventripotent. C'est seulement à 44 ans, en 1975, que je compris pourquoi. Depuis, je sais aussi que je n'aurai plus à redouter cette rondeur disgracieuse et le cortège d'ennuis de santé qui l'accompagne. À présent, à plus de 80 ans, j'ai conservé un ventre plat et une forme physique qui me permettent de faire du ski, du tennis, du vélo, de la natation, des voyages, des conférences, j'apprends des langues étrangères et je viens de commencer un stage de surf. J'en profite pendant que je suis encore jeune !

À 23 ans, pesant 86 kg, je prenais allégrement le chemin familial qui mène à l'obésité. Mon père (120 kg) avait certes l'air jovial, mais ne profita hélas pas de sa retraite. L'obésité est difficilement compatible avec le troisième âge.

Aujourd'hui je pourrais sauver mon père, là où tous les médecins consultés avaient échoué. Ce n'est pas cependant faute d'avoir suivi des régimes. Et quels régimes ! Tristes, fades, insipides, peu variés, carencés

Quant aux médicaments : cela ne contribua qu'à aggraver son cas. S'ils font maigrir un temps, ce n'est que pour mieux regrossir ensuite. Beaucoup plus grave encore, ils vont à l'encontre du bon sens en fatiguant considérablement les nerfs et le foie, organes clefs d'un vrai retour à l'équilibre.

C'est d'ailleurs en endommageant son foie et ses intestins que mon père compromit définitivement sa santé.

Quant à moi, avec une jeunesse mouvementée par la guerre dans la région de Belfort, le fils d'hépatique que j'étais atteignit l'adolescence malingre, souffreteux et cardiaque. Ce qui me valut d'être service auxiliaire, exempté de sport et même de marche pendant mon service militaire.

Quelques années plus tard je me mis à grossir.

Être maigre ne fut pas agréable. Avoir un gros ventre le fut beaucoup moins. Je pris donc le taureau par les cornes : régime et gymnastique quotidienne. Résultats encourageants, sans plus. Mais la véritable transformation, tant physique que mentale, c'est le yoga qui me l'offrit. Il m'aida à chercher à comprendre les besoins du corps.

Je décidai alors de changer ma vie et d'apprendre la kinésithérapie à Paris. Cela me permit de réviser mes pensées car ces études ne suffisent pas à aider le futur praticien à se sentir proche et compatissant de ses patients.

Néanmoins, je savais de quoi était fait et comment fonctionnait un être humain. Depuis, je n'ai cessé d'étudier et de chercher à comprendre. Très enthousiaste, j'ai toujours été dans les premiers à utiliser les dernières nouveautés. Et les milliers de cas soignés à travers le monde m'ont permis de faire de nombreuses constatations. Voici mes déductions.

Pourquoi a-t-on du ventre ?

Souvent pour plusieurs raisons :

- nourriture mal digérée, parce que mal adaptée à un système digestif paresseux ou perturbé ;
- la graisse aime se loger autour d'un organe dont le fonctionnement est ralenti. C'est un réflexe naturel du corps pour protéger l'organe défaillant. C'est aussi le résultat d'un métabolisme, c'est-à-dire des échanges, se faisant moins bien ;
- système neuro-hormonal perturbé ;
- foie et pancréas agressés, paresseux ou intoxiqués ;
- déstabilisation de l'écosystème intestinal ;
- relâchement musculaire abdominal par manque d'exercice approprié, ou excès de voiture.

Pourquoi doit-on y remédier ?

En plus du point de vue inesthétique, les risques d'un abdomen proéminent peuvent être sérieux :

- la constipation ou la diarrhée, qui entretiennent le mal, ou les descentes d'organes digestifs ou génito-urinaires par distension progressive et insidieuse des ligaments suspenseurs ;

- trouble du fonctionnement des organes digestifs entretenus par une flore intestinale inopportune et de la graisse environnante en excès ;
- apparition de douleurs lombaires et quelquefois de sciatique ;
- inflammations silencieuses, évoluant à bas bruit et pouvant être génératrices de rhumatismes, d'allergie chronique, d'artériosclérose et de sérieux problèmes cardiovasculaires ;
- surcharge de poids avec incidence fâcheuse sur les articulations des hanches et des genoux, risque de gonarthrose et de coxarthrose.

Le risque majeur de la surcharge adipeuse abdominale, c'est l'inflammation silencieuse.

De récentes études prouvent incontestablement ce que j'exprimais déjà il y a plus de trente ans et que j'ai commencé à dénoncer dans mes ouvrages précédents. L'inflammation est une réaction réflexe de défense immunitaire qui intervient lors de la présence d'éléments inopportuns. Les triglycérides en excès libèrent des macrophages qui sécrètent des substances inflammatoires ; celles-ci s'ajoutent aux réactions de défense d'un écosystème intestinal perturbé et d'une barrière intestinale défaillante laissant passer des particules alimentaires insuffisamment digérées, créant également une réaction inflammatoire de défense provoquée par l'arrivée intempestive de ces inopportuns.

Les dangers de l'inflammation silencieuse

Soigner son ventre c'est se prévenir de nombreux risques :

- hypo ou hyperglycémie, risque de diabète ;
- fatigue chronique ;
- allergie ;
- douleurs articulaires ;
- problèmes génito-urinaires ;
- arthrose ;
- artériosclérose ;
- risque d'infarctus et d'AVC ;
- mémoire qui flanche ;
- dépression ;
- risque de dégénérescence maculaire et de cataracte.

Ces risques sont maintenant prouvés.

Hypo ou hyperglycémie, une véritable épidémie

C'est un problème préoccupant qui nous concerne tous. Plus de 2 milliards de personnes dans le monde sont touchées. En Amérique et au Canada, presque la moitié de la population en est atteinte. En France, le nombre de diabétique de type 2 a doublé en moins d'une décennie. Il est de la plus grande importance de se préserver de ce fléau qui nous guette insidieusement.

Le mal s'installe année après année. Tout commence par la prise d'un ou deux kilos de plus avec un petit ventre qui pointe et une ventripotence qui s'installe progressivement. Au demeurant rien de bien inquiétant, jusqu'au jour où la fatigue inexpliquée apparaît avec un symptôme de manque, un besoin de grignoter, de manger plus et une sensation d'avoir encore faim. Le processus d'hypoglycémie est enclenché. C'est la route ouverte en direction de l'état prédiabétique de type 2. Bienvenue au club des 3 millions de Français qui en font partie ! (C'est une boutade !... et je vous conseille d'échapper au plus tôt de cette malédiction.)

En suivant les bons conseils de ce livre, vous pourrez éviter ou sortir de ce problème qui vous gâche l'existence. Essayons tout d'abord de comprendre ce qui enclenche ce processus destructeur.

Au demeurant, il peut y avoir une prédisposition génétique. Néanmoins votre libre arbitre vous permettra d'échapper à un destin peu enviable. Ce n'est pas parce que vos parents étaient diabétiques ou obèses que le sort doit s'acharner sur vous. Il est possible que vous soyez enclin à suivre vos bas instincts qui vous poussent à trop consommer de sucreries ou autres glucides, ce n'est pas une raison pour que vous y succombiez. L'intelligence, la volonté de réussir sa vie en bonne santé vous aidera.

Qu'est-ce que le diabète de type 2 ?

Le diabète de type 1 est caractérisé par un manque de production d'insuline pancréatique. Avec le diabète de type 2, le processus est inverse : le pancréas sollicité par un excès d'apport glucidique alimentaire produit beaucoup d'insuline qui sature les cellules, devenant résistantes à son action. Elles sont alors insulino-résistantes et favorisent l'hypoglycémie. Rassurez-vous, en suivant les conseils de ce livre, vous pouvez en échapper.

Fatigue chronique

Le repos ne suffit pas à chasser la fatigue, dès le matin vous vous sentez las, en manque de tonus.

Chaque jour, des milliers de personnes viennent consulter leur médecin pour ce motif. Un bilan clinique et biologique peut mettre en évidence une maladie grave qui devra être traitée médicalement. Plus des trois quarts des examens ne révèlent rien de significatif.

En dehors d'une maladie avérée, il convient de vous prendre en charge, en éliminant les facteurs responsables de cet état. La cause de cette fatigue soi-disant inexpliquée réside dans le fait que vous subissez le contrecoup de la fatigue des organes que vous négligez et plus particulièrement votre foie, mais aussi votre pancréas, vos reins et surtout vos intestins.

Une fois de plus, c'est en soignant votre ventre que vous retrouverez tonus et joie de vivre. La force vient du ventre, dès que vous aurez rétabli le bon fonctionnement de ces organes, votre fatigue s'envolera.

Une raison de plus de mettre en pratique les conseils judicieux de cet ouvrage.

Allergie

L'allergie est une réaction de défense à une substance normalement non ou peu offensive ; ce peut être un pollen, un parfum, un aliment, un insecte et son venin.

Cette hypersensibilité à un allergène peut produire des réactions plus ou moins graves : maux de tête, rhume des foins, picotements, inflammation, diarrhée, toux, fatigue, vomissement, étouffement, problèmes dermatologiques, rhumatismes, trouble ORL, dépression.

Ne pas confondre allergie et **intolérance alimentaire**, moins grave mais extrêmement fréquente de nos jours. Tous les deux sont générateurs de fatigue et de beaucoup de problèmes. L'intolérance alimentaire est plus insidieuse, favorise grandement la fermentation intestinale et par là même la ventripotence.

Parmi les aliments les plus intolérants se placent le blé et son gluten, les produits issus du lait de vache, les oignons, la ciboulette et quelquefois le soja.

Mais chacun a ses propres intolérances, il convient donc de les dépister et de les évincer de votre alimentation.

Vous serez surpris des résultats rapides qui s'opéreront en vous : un mieux-être, un tour de taille qui diminue, une meilleure mémoire et un désir d'entreprendre.

Une partie importante de cet ouvrage vous expliquera comment parvenir à cette transformation.

Problèmes génito-urinaires

De nombreux problèmes gynécologiques ou urinaires proviennent de bactéries intestinales. Des colibacilles qui essaiment dans les voies urinaires peuvent provoquer une cystite, une urétrite, une leucorrhée, une prostatite ou bien d'autres problèmes.

En cas de problèmes génito-urinaires, il convient donc de chercher du côté intestinal une éventuelle responsabilité et par là même d'assainir son écosystème intestinal, suivant les conseils de cet ouvrage et bien entendu de votre thérapeute.

Arthrose, déminéralisation

Il y a une cinquantaine d'années, l'arthrose était considérée par les grands patrons de la rhumatologie comme les cheveux blancs des vertèbres ! Ce qui laissait supposer qu'il s'agissait d'un processus presque inéluctable lié à l'âge et au vieillissement. À présent, on signale la présence d'arthrose chez des juniors !

Beaucoup de personnes croient qu'il suffit de consommer des produits laitiers pour éviter la décalcification. Ces dernières années, la consommation de ces produits a considérablement augmenté, il suffit de regarder les rayonnages en grande surface, leur variété et impressionnante ! Cependant les rhumatologues ne chôment pas pour autant, il faut s'armer de patience pour avoir un rendez-vous. On peut donc en déduire que l'hyperconsommation des produits laitiers n'a pas réglé la décalcification et les problèmes arthrosiques !

La raison est simple, il y a une différence fondamentale entre consommer des produits contenant du calcium et l'assimilation de celui-ci. C'est une question de métabolisme en rapport avec le bon fonctionnement des organes digestifs, et plus particulièrement de l'intestin grêle.

C'est aussi une question d'acidité tissulaire en rapport avec des problèmes intestinaux.

En cas de coxarthrose ou de gonarthrose et de kilos excédentaires, il est particulièrement conseillé de soulager ces articulations des kilos superflus à supporter.

Vous ne regretterez pas de mettre en pratique les bons conseils de cet ouvrage, il est fort possible que vous vous épargnerez bien des souffrances.

Les problèmes cardiaques

Le cœur et les artères afférentes subissent parfois des pressions de la part d'intestins gonflés intempestivement, pouvant perturber momentanément mais gravement son fonctionnement régulier. De nombreuses crises cardiaques résultent de cette compression exagérée.

Si vous ressentez un malaise dans la région du cœur accompagné d'une difficulté digestive, commencez par disperser le point 6 MC (voir page 169) situé à la face antérieure de l'avant-bras, en son centre, à trois travers de doigt au-dessus du pli de flexion du poignet, sur le bras gauche puis le droit ; si cela ne suffit pas, pratiquez un massage profond sous les côtes. Il est possible que celui-ci aide à dégonfler vos intestins. Vous pouvez également masser un point situé entre les deux dernières côtes, principalement à droite, le côté hépatique, car ce point agit favorablement sur le bon fonctionnement de la production biliaire. C'est le 24 VB (voir page 167). La production biliaire favorise la digestion et aseptise le milieu intestinal.

La plupart du temps, ces deux massages sont suivis d'un soulagement appréciable.

Un ventre sain peut éviter certaines crises cardiaques. Une raison de plus de l'assainir.

Douleur à l'épaule, périarthrite scapulo-humérale

À travers mes cinquante années de pratique, j'ai pu constater que les douleurs d'épaule étaient souvent déclenchées par des problèmes intestinaux. En soignant les intestins, je supprimais le processus arthritique de l'épaule qui aurait pu durer des mois et entraîner progressivement un enraidissement de cette articulation. C'est ce que j'avais constaté pendant les stages que je faisais au service de rhumatologie hospitalier.

Dans ma démarche acupuncturale, j'étais amené à traiter les Méridiens qui passent par l'épaule, c'est-à-dire le Méridien du Gros Intestin devant, et celui de l'Intestin Grêle derrière. En posant la question à mes patients atteints d'un syndrome douloureux de l'épaule au sujet d'un éventuel problème intestinal, la réponse était très souvent affirmative.

Le traitement des intestins par la stimulation des points d'acupuncture des intestins permettait la plupart du temps de soulager et même souvent faire disparaître la douleur à l'épaule.

Douleur au coude : *tennis-elbow*

Si la douleur est précisément localisée au niveau de l'os épicondyle, c'est-à-dire sur le côté latéral du coude, côté pouce, il s'agit d'un *tennis-elbow* ; si la douleur est de l'autre côté, du côté petit doigt, il s'agit d'une épitrochléite, encore appelée *golf elbow*, car cette douleur est exacerbée en faisant un swing de golf. L'épicondylite se situe sur le trajet du Méridien du Gros Intestin et l'épitrochléite sur le trajet du Méridien de l'Intestin Grêle.

De nombreuses personnes souffrent d'un *tennis-elbow* sans avoir joué au tennis de leur vie, ou d'un *golf elbow* sans avoir touché une balle de golf. La sollicitation importante ou pas de cette articulation n'est pas la cause responsable de cette tendinite. La cause de l'inflammation des tendons de cette articulation se situe souvent, une fois de plus, dans le ventre. Un acupuncteur compétent soulage celle-ci en traitant le *tennis-elbow* avec le Méridien du Gros Intestin et le *golf elbow* avec celui de l'Intestin Grêle. Mais c'est l'assainissement du milieu abdominal qui finalisera le traitement.

Douleur à l'index

Le Méridien du Gros Intestin commence à l'index. Une inflammation douloureuse à l'index peut être en rapport avec un écosystème intestinal perturbé, une dysbiose intestinale, occasionnée par des fermentations ou putréfactions intempestives à ce niveau et souvent par la présence exagérée de mycoses (*Candida albicans* entre autres).

Il n'est pas rare que cette douleur disparaisse après que l'on ait soigné son ventre, et plus particulièrement ses intestins, par une alimentation appropriée, la digitopuncture, la phyto-aromathérapie et les compléments alimentaires.

ORL. Sinusite, rhinite, parodontite

Pendant des années, j'ai dû subir ces problèmes récurrents, sans qu'aucun médecin consulté ne me propose la thérapie adéquate. Je ne mis fin à ces problèmes qu'après avoir soigné mon ventre.

Pour comprendre le rôle des organes digestifs et plus particulièrement des intestins sur les infections ORL, il faut savoir que le corps essaie d'éliminer les toxines produites par ces organes par des voies de sortie : la peau, la bouche, le nez.

Ces régions seront d'autant plus fragilisées qu'elles se trouveront en état de mini-inflammation et de constante élimination.

Un bon moyen de les circonscrire est de tarir la source, c'est-à-dire d'assainir le milieu intestinal.

À noter que le Méridien du Gros Intestin se termine sous le nez et celui de l'Intestin Grêle sur la joue, près de l'oreille. Le Méridien de l'Estomac, clé de voûte de la digestion, est également concerné.

En favorisant la digestion et en évitant la fermentation et la putréfaction intestinale, non seulement votre ventre diminuera de volume, mais vous éviterez les problèmes ORL qui semblaient chroniques.

Artériosclérose, hypertension artérielle

Ne dit-on pas que nous avons l'âge de nos artères ?

Avec l'âge, nous sommes tous confrontés au risque d'une perte de l'élasticité de nos artères qui se durcissent progressivement, avec éventuellement la formation de plaques (athérosclérose). La diminution de la lumière artériolaire favorise l'hypertension et dans le pire des cas la formation d'un caillot, le blocage de celui-ci entraînant au niveau du cerveau l'AVC, ou au niveau du cœur l'infarctus. En réalité, il est de la plus grande importance de conserver des artères souples et d'éviter leur dégénérescence si l'on souhaite bien profiter de sa retraite. Pour cela, il faut éviter l'inflammation artérielle silencieuse, principale responsable.

En dehors d'une prédisposition génétique, il faudra échapper à l'overdose de stress en augmentant son seuil d'invulnérabilité grâce à la digitopuncture, éviter les problèmes digestifs et intestinaux générateurs de mini-inflammations chroniques à distance. À ce sujet, nous verrons le rôle délétère des excès de glucide et particulièrement du sucre. Et bien entendu les produits chimiques, les métaux lourds, le tabac, l'alcool en excès. Une prédisposition, aggravée par le cumul de poisons absorbés à travers des parois intestinales poreuses, favorisera progressivement la dégénérescence artérielle. Ce que l'on appellera quelques années plus tard « le coup de vieux ».

Pour éviter cette décrépitude, il convient au plus tôt de favoriser la digestion, éviter de consommer des poisons, éviter les carences en vitamines, oméga-3, zinc, magnésium, silice, soufre, iode, phosphore, sélénium et chrome, favoriser la détoxication organique.

AVC

Les accidents vasculaires cérébraux sont de plus en plus fréquents. S'ils n'entraînent pas la mort du premier coup, ils laissent souvent de graves infirmités : hémiplégies, ou paralysie partielle d'un membre ou des muscles du visage, gênant la parole. La rééducation et la prise de médicaments prescrits s'imposent pour retrouver totalement ou en partie son autonomie déambulatoire.

La meilleure solution reste encore d'éviter cette attaque quelquefois mortelle et presque toujours invalidante.

Le cholestérol ne semble plus être le facteur prédominant de cette attaque. Qui a produit ce caillot responsable de l'obstruction d'une artère ? Il ne permet plus au sang d'apporter l'oxygène dont notre cerveau a constamment besoin. Les cellules privées momentanément d'oxygène succombent et, par là même, leur fonctionnement est interrompu.

Jusqu'alors, le cholestérol, avec l'artériosclérose et l'hypertension, semblaient être les principaux responsables. J'ai constaté que ce n'était pas forcément le cas. Je connais de nombreuses personnes octogénaires en hypertension constante, avec un taux de cholestérol élevé qui non jamais été inquiétées, et des personnes avec une tension parfaite et un taux de cholestérol ne dépassant pas 2. Ayant fait une attaque et un infarctus, je pense qu'il y a d'autres facteurs favorisant les problèmes cardiovasculaires. Cependant, il est quand même souhaitable d'avoir une tension contrôlée.

En réalité, la cause la plus fréquente est l'inflammation silencieuse. Elle est responsable d'un dérèglement neuro-hormonal, entraînant la production d'un thrombus.

Mémoire défaillante

Nous devons tout faire pour conserver une bonne mémoire malgré les ans.

Pour cela, il faut favoriser l'oxygénation du cerveau et veiller à ce que les cellules nerveuses soient bien irriguées, par un sang fluide et riche en éléments nutritifs. Ceci implique un système circulatoire sans défaillance, avec des artères ayant conservé leur souplesse.

En réalité, cela dépend en grande partie de l'intégrité fonctionnelle de notre intestin grêle. C'est pour cela qu'en médecine chinoise il est considéré comme étant l'Empereur, avec le cœur. Son rôle de tri sélectif est de la plus haute importance : faire passer les bons nutriments et s'opposer au passage des poisons, toxines, mycotoxines, aliments incomplètement digérés, métaux lourds (mercure, aluminium, plomb) qui endommagent en priorité nos cellules nerveuses.

Vous conviendrez donc qu'il est primordial de mettre tout en œuvre pour favoriser le bon fonctionnement de notre intestin grêle. C'est pourquoi nous attachons une grande attention à vous donner le maximum de moyens pour y arriver. À commencer par éviter de manger ce qui contribue à dilater cet organe, par la production intempestive de gaz résultant de la fermentation d'aliments mal tolérés. Il faut également veiller à la qualité de notre écosystème intestinal, et y éviter la prolifération d'éléments pathogènes, notamment de mycoses.

Attention aux aliments empoisonnés par les pesticides, les gros poissons qui contiennent du mercure, les ustensiles de cuisine en aluminium.

Il convient de favoriser la fluidité sanguine dans les artérioles cérébrales en prenant des extraits de ginkgo biloba.

Dépression

Il n'est pas rare de constater un changement de l'humeur et parfois un état dépressif chez les personnes souffrant de problèmes digestifs et intestinaux ; et réciproquement, le stress, les soucis, peuvent perturber le bon fonctionnement de l'estomac et même provoquer un ulcère, ou simplement vous donner des colites.

Nos émotions se répercutent dans notre ventre, et notre ventre peut induire un comportement psychique dépressif.

La dépression n'est pas forcément à 100 % d'origine psychologique, des toxines en provenance des intestins peuvent induire de l'inflammation silencieuse chronique au niveau des neurones cérébraux, bien que ceux-ci soient normalement bien défendus par des cellules spécialisées dans leur protection : les cellules microgliales (type de globules blancs). Dans des cas extrêmes, la lutte est âpre ; s'installe alors un processus inflammatoire perturbateur, favorisant la dépression. Un ventre solide raffermit l'esprit. On pourrait proposer : « Un esprit sain dans un ventre sain ! »

Conjonctivite, cataracte, DMLA

En médecine chinoise, il est dit que le foie fleurit dans les yeux.

Les yeux sont très sensibles à l'atteinte des radicaux libres et au stress oxydatif. De plus, la qualité et la fluidité du sang qui irrigue les yeux sont primordiales à leur intégrité. Le foie participe grandement à maintenir la qualité de notre sang et à s'opposer au stress oxydatif. Quant à la qualité du sang, elle dépend aussi de la sélection des nutriments consommés et absorbés au niveau de l'intestin grêle. Les yeux réclament de la vitamine C et A ainsi que de la zéaxanthine et de la lutéine contenues dans les carottes et les fruits colorés.

La lutéine et la zéaxanthine sont naturellement présentes dans les fruits et légumes. On retrouve la lutéine dans les poivrons jaunes, les mangues, les myrtilles et les légumes à feuilles vertes. La zéaxanthine est présente en quantité intéressante dans les poivrons rouges, les brocolis, le maïs, la salade verte, les œufs et les agrumes.

Comment peut-on remédier à la ventripotence ?

- En comprenant succinctement les physiologies digestives et leurs dérèglements ;
- en s'associant aux saisons à travers la loi des Cinq Éléments ;
- en favorisant la digestion et en évitant les ballonnements, les flatulences, l'aérophagie, les gaz intestinaux, la constipation, les diarrhées par une alimentation équilibrée, adaptée à nos possibilités digestives enzymatiques ;
- en rééquilibrant le fonctionnement de nos organes digestifs : foie, pancréas, estomac, intestin grêle, gros intestin ;
- par la digitopuncture, la réflexologie, la phyto-aromathérapie, l'homéopathie, les vitamines, les oligoéléments, les compléments alimentaires ;
- par le yoga, la relaxation, des exercices appropriés ;
- en tonifiant les muscles qui maintiennent et soutiennent nos viscères.

Une ordonnance à la carte

Ce livre, éventail de toutes les thérapies naturelles susceptibles de faire disparaître définitivement les proéminences ventrales, débutantes ou carrément installées, peut aussi être utilisé à la carte suivant le cas personnel, les goûts et les aptitudes.

Quand la ventripotence est nettement installée

C'est le cas extrême. L'esthétique est déplorable et l'état général perturbé par des dégradations successives.

1. Neutralisation et l'élimination d'éventuels éléments pathogènes : bactéries, parasites, mycoses.
2. Désintoxication. Se libérer des toxines passe par la mise au repos relatif du système digestif, en observant suivant son courage initial et sa détermination, pendant un, deux ou trois jours, une monodiète (consommation d'un seul aliment par unité de 24 heures : riz, quinoa, sarrasin, carottes, raisins, pommes, cerises, salade verte, pissenlit, poireaux, asperges, au choix), à la suite de quoi le système digestif pourra se régénérer rapidement, reprendre des forces, en même temps que les organes se libéreront de leur trop-plein. C'est à ce moment-là qu'il est éventuellement conseillé de nettoyer son estomac et ses intestins par la technique de lavage interne tiré du yoga que je vous propose d'une façon simplifiée et facilement réalisable par tout le monde. Nous pouvons presque tous profiter de ces règles d'hygiène dont les résultats ne peuvent qu'être bénéfiques.
3. Recherche et élimination des aliments incompatibles.
4. Nettoyage et régénération du foie, organe clef de la santé.
5. Réhabilitation de la flore intestinale.
6. Tonification énergétique des reins et des surrénales.

7. Renforcement du système de défense immunitaire.
8. Tonification des muscles de soutien et de maintien du contenu ventral.

Quand la ventripotence est débutante

L'ensemble des techniques exposées dans ce livre sont profitables dans tous les cas. Mais il peut se trouver (et je ne doute pas que ce soit le plus grand nombre) des personnes n'ayant pas envie de se bousculer trop mentalement et de prendre les choses à bras-le-corps.

En ce cas, il suffit de choisir les techniques à sa convenance, en insistant sur la correction alimentaire et en utilisant la stimulation des points énergétiques (digitopuncture), associée ou non à la phyto-aromathérapie, éventuellement aussi à des compléments alimentaires.

Cet ouvrage permet d'avoir une idée nouvelle, pratique et cependant tout à fait naturelle de la manière de vivre selon les exigences du corps. En les respectant, en les assimilant à son quotidien, on est garanti d'être vacciné contre la ventripotence.

Non, l'âge n'est pas responsable de l'apparition d'embonpoint sur le ventre. La cause véritable réside dans l'ignorance de nos possibilités digestives enzymatiques. Même chez ceux qui croient vivre « diététiquement », les erreurs alimentaires sont génératrices de mauvaise digestion et d'empâtement.

Ces moyens mis à votre disposition sont simples et peu contraignants. Résultat : non seulement un ventre plat, mais aussi une santé nettement meilleure, sans aucun des désagréments habituels et révélateurs que sont les ballonnements, la colite, la constipation, les reflux digestifs, les aigreurs !

Grâce à l'étude des besoins physiologiques et l'adaptation de vos besoins suivant votre tempérament et de votre mode de vie en fonction des saisons, vous saurez détoxiquer votre organisme et répondre au besoin de vos cellules, en évitant ainsi carence et fatigue.

Le plus important est que vous favoriserez le bon fonctionnement de votre foie, votre pancréas, vos intestins, vos reins et par là même l'ensemble de toutes les fonctions.

Vous retrouverez et conserverez un dynamisme et une énergie des plus appréciable.

Vous apprendrez à être relax suivant le besoin et disposerez d'un self-control indispensable pour mener à bien votre existence.

Une vie nouvelle pleine de bon sens et de plaisir de vivre vous attend.

Soyez optimiste, confiant, perspicace et vous gagnerez la joie de vivre.

CHAPITRE I – PETIT RAPPEL D'ANATOMIE ET DE PHYSIOLOGIE DIGESTIVE

Rôle de la digestion

La terre nourrit l'homme, l'homme nourrit ses cellules.

Le premier acte en rapport avec la digestion est réalisé par l'intermédiaire de notre système visuel. La lecture du menu, ou la vue de l'aliment, déclenche automatiquement un premier réflexe d'acceptation ou de refus du mets proposé. Cette discrimination met en éveil le début de tout un processus apte à réduire une alimentation produite par la terre pour aboutir à l'absorption de cet aliment par nos cellules. Pour ce faire, les protéines seront transformées en minuscules acides aminés, les glucides en glucose, galactose ou fructose, les lipides en acides gras et glycérol.

Le deuxième acte se situe dans la bouche où l'aliment sera haché et imprégné de salive. Les amylacés (glucides) subiront une première dégradation par les enzymes amylases, ceci dans un milieu buccal alcalin.

Après la déglutition, l'aliment arrive dans l'estomac où il sera malaxé et imprégné d'une part d'acide chlorhydrique pour dissoudre les protéines, d'autre part de suc gastrique riche en enzymes protéolytiques.

Normalement les aliments séjourneront dans l'estomac entre une et deux heures suivant leur quantité, la variété du contenu ; les aliments gras y passent plus de temps.

Deux phénomènes interviennent dans la durée de cette phase digestive au niveau de l'estomac.

1. Plus les aliments seront mastiqués préalablement, moins long sera leur séjour stomacal.
2. Ce séjour stomacal sera également influencé par le dégagement ou l'encombrement de la lumière intestinale.

Autrement dit, le transit digestif commence dans la bouche et se finit à l'anus. Son séjour stomacal dépendra de l'amont et de l'aval. Des intestins encrassés n'incitent pas l'estomac à libérer son contenu si la voie n'est pas libre. Dans ce cas, l'estomac peut prendre plusieurs heures avant d'évacuer son contenu.

Le bol digestif continuera sa trajectoire et se dirigera dans la première partie de l'intestin grêle, le duodénum. Il y sera imprégné de bile et de suc pancréatique, tous deux très alcalins, propices à la digestion des graisses et la continuation de la digestion des glucides.

Dans ce tuyau de plus de 6 mètres, le transit s'effectuera d'autant plus lentement que la présence de lipides est importante.

L'intestin grêle produira lui-même des enzymes pour parfaire la dégradation de son contenu. Quand celle-ci sera parfaitement accomplie, il autorisera le passage des nutriments à travers ses parois pour rejoindre la circulation lymphatique, iront au foie, puis seront finalement distribués aux cellules.

Tous les organes contenus dans le ventre participent à la vie de nos cellules. Cela revient à dire que la qualité de vie de nos cellules dépend de ce qui se passe dans notre ventre.

L'activité principale de ces organes consiste à transformer des aliments macroscopiques en nutriments microscopiques pouvant être assimilés par nos cellules.

Cette transformation se réalise par un travail important de toutes les cellules de nos organes digestifs qui brassent les aliments et élaborent des enzymes spécifiques pour scinder en nutriments microscopiques les aliments que nous avions ingérés. Tout ce qui n'aura pas été assimilé à travers les parois de l'intestin grêle se dirigera dans le gros intestin.

Sachez que ce travail de plusieurs heures à nécessité et produit beaucoup d'énergie. L'énergie issue du travail des cellules sera pour la première phase digestive en rapport avec les Méridiens de l'Estomac et celui de la Rate-Pancréas ; pour la fin du processus digestif avec les Méridiens de l'Intestin Grêle et celui du cœur pour la distribution des nutriments aux cellules.

Le tout est administré par le système nerveux végétatif sous le contrôle énergétique des Méridiens Maître du Cœur et Triple Réchauffeur.

Le Soleil permet la vie sur la Terre.
La Terre nourrit les êtres.
L'humain nourrit ses cellules.
Nous sommes le reflet de ce que nous mangeons, digérons, assimilons.

Nous l'avons évoqué, la terre nous donne des aliments macroscopiques que nous devrons transformer en aliments microscopiques facilement absorbables par nos cellules. C'est le but de la digestion.

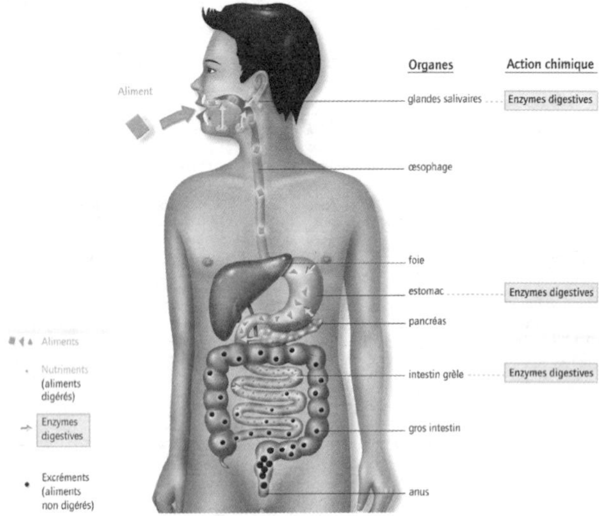

Digestion

La digestion commence par la vue de l'aliment. Puis nous captons son odeur et nous décidons de l'ingérer ; s'ensuivront la mastication et la salivation. Cette première phase digestive mérite toute notre attention.

En dehors du fait que notre estomac n'a pas de dents, il appréciera la venue en son antre d'aliments bien broyés et ayant commencé à subir l'effet des enzymes salivaires. Ne négligez pas l'effet aseptisant de la salive qui neutralise les microbes ingérés.

Au final, une bonne mastication (50 fois si possible) facilite grandement la digestion, et par là même l'assimilation.

Arrivé dans l'estomac, le bol alimentaire est imprégné d'acide chlorhydrique pour favoriser l'action de l'enzyme pepsine qui va transformer les protéines en polypeptides. L'acide chlorhydrique nous protège d'éventuelles invasions de micro-organismes agresseurs, son action fongicide et bactéricide préserve l'écosystème intestinal.

Pour se protéger de l'effet corrosif de cet acide, l'estomac produit du mucus. Il sécrète également une glycoprotéine qui protège la vitamine B 12. Il produit aussi deux autres enzymes, toutefois moins actives : la lipase pour dissoudre les lipides, et la cytosine, chargée de précipiter la caséine du lait. Une fois cette phase digestive satisfaite, le bol alimentaire réduit en bouillie quitte l'estomac de façon graduelle, grâce à l'ouverture du sphincter pylorique qui permet à cette bouillie (chyme) de passer dans le duodénum, qui est le début de l'intestin grêle.

L'intestin grêle

Depuis des millénaires, la médecine chinoise le considère, avec le cœur dont il est couplé, comme étant l'Empereur. Il lui était attribué la plus haute fonction : faire le tri du pur et de l'impur, c'est-à-dire ne laisser passer à travers ses parois que ce qui convient à nos cellules et s'opposer au passage d'intrus indésirables. S'il tel n'était pas le cas, les réactions inflammatoires ne se feraient pas attendre. Notre santé dépend en grande partie de cette importante fonction de tri sélectif. Nous apprendrons à l'aider dans cette entreprise.

Tout d'abord, faisons plus ample connaissance avec cet Empereur. Tube d'environ 6 à 7 mètres de long, il se compose de nombreux plis et replis, qui déplissés représenteraient une superficie équivalente à plus de deux terrains de tennis. C'est la frontière entre l'extérieur et l'intérieur.

Son rôle est d'une importance capitale, nous le rappelons : il doit trier le pur de l'impur. C'est un filtre sélectif responsable de notre santé. Il lui appartient de barrer la route au passage d'élément dangereux et de permettre aux molécules bienfaisantes de pénétrer dans notre organisme pour alimenter nos cellules.

C'est aussi un organe immunitaire de la plus haute importance, sa muqueuse contenant un grand nombre de cellules immunitaires. En effet, plus de la moitié du nombre total de ce type de cellules présentes de notre organisme se trouve dans l'intestin grêle.

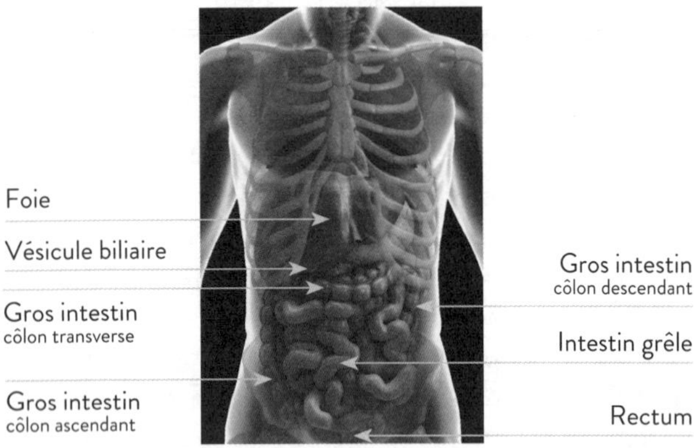

Digestion – Tri – Assimilation

Les aliments réduits en bouillie (le chyme) arrivant dans le duodénum sont imprégnés d'une part de bile qui neutralise l'acidité, émulsifie les graisses, aseptise les milieux, et d'autre part du suc pancréatique. Ce dernier neutralise lui aussi l'acidité et apporte des enzymes pour continuer la digestion. Le suc pancréatique se compose de plusieurs enzymes :

- l'amylase pancréatique qui complète l'action de l'amylase salivaire sur les glucides ;
- la lipase pancréatique qui digère les graisses préalablement émulsifiées par la bile ;
- plus cinq enzymes protéolytiques qui ne seront activées que suivant un processus particulier, afin de ne pas intervenir sur nos propres protéines.

Ce travail de lyse sera parachevé par des enzymes produites par les cellules de l'intestin grêle : la maltase, la saccharase, la lactase, le tréhalose, qui finalisent le travail sur les glucides pour les réduire en unité de glucose.

C'est ainsi que les macro-aliments produits par la terre seront réduits en micro-éléments appelés nutriments et pourront être assimilés. Ils passeront à travers des centaines de petits replis circulaires, les villosités qui possèdent des millions de microvillosités offrant une grande surface d'absorption.

Les cellules épithéliales de l'intestin grêle (entérocytes) sont serrées les unes contre les autres et assurent une barrière aux grosses molécules indésirables et ne devraient laisser passer que les micronutriments indispensables. Les entérocytes possèdent aussi la propriété d'identifier les antigènes bactériens et autres, en interdisant le passage des envahisseurs potentiellement dangereux.

Ils produisent également des peptides antimicrobiens qui contribuent à éviter l'infection de la muqueuse intestinale. De plus, elles avertissent les cellules immunitaires de la présence d'éléments pathogènes par la production d'éléments pro-inflammatoires (les cytokines, en particulier les interleukines).

Les cellules de l'intestin grêle s'auto-protègent en produisant un mucus adapté à son environnement. Les bonnes et les mauvaises bactéries intestinales influencent la production de ce mucus. L'intestin grêle dispose d'une intelligence qui lui permet de produire des petites protéines qui protègent et réparent sa paroi en cas de lésion.

Vous comprenez à présent tout l'intérêt de préserver notre intestin grêle, dont l'intégrité de ses fonctions est essentielle à notre santé.

En réalité, les cellules de l'intestin grêle sont dotées de la plus haute intelligence, celle leur permettant de faire la différence entre le pur et l'impur. La qualité de notre vie dépend en grande partie de cela. Notre cerveau sera le premier à profiter d'apports nutritionnels correspondant à ses besoins. Inversement, il devra subir l'arrivée d'éléments néfastes au cas où le tri sélectif réalisé par l'intestin grêle est déficitaire.

En digitopuncture, nous considérons, d'après la loi des Cinq Éléments, qu'un intestin grêle en parfaite harmonie énergétique favorise non seulement l'assimilation des aliments mais également l'assimilation de ce que l'on apprend. Cela permet également de faire la discrimination entre ce qu'il convient d'apprendre et de faire le tri dans l'arrivée des informations. En réalité, être intelligent consiste à être capable de faire le bon choix en tout. Notre destin dépendra de ce choix. Choix des études, choix de ses amis, de son ou sa partenaire, choix du lieu de vie, choix de ses lectures, choix de ses décisions.

Être capable de faire le tri sélectif, c'est être intelligent.

Le gros intestin

C'est ici que le voyage se termine. Après avoir passé la valvule iléo-cæcale, le reliquat digestif se retrouve dans le cæcum (première partie du gros intestin). Un puissant sphincter contrôle le passage du reliquat digestif et empêche le reflux.

Le diamètre du gros intestin mesure 6 à 8 cm, et 1,70 m de long pour une personne de 1,70 m. Le transit s'effectuera sur environ 12 heures, le temps de réabsorber l'eau et les minéraux, de continuer la digestion et de produire des vitamines.

L'écosystème intestinal

Ici ce sont des bactéries amies qui vont terminer le travail digestif et participer à de nombreuses fonctions. En voici quelques-unes :

- elles finalisent la dégradation des aliments et l'élimination des déchets ;
- elles s'opposent aux bactéries pathogènes ;
- elles synthétisent des vitamines B et K ;

- elles participent au renouvellement des cellules de l'intestin ;
- elles renforcent le système immunitaire de l'intestin ;
- elles occupent l'espace pour s'opposer au développement de mycoses pathogènes.

Le gros intestin fait suite à l'intestin grêle, qui vient s'y aboucher presque à angle droit par la valvule iléo-cæcale. Cette partie basse du gros intestin, le cæcum, se situe en bas à droite de l'abdomen. C'est à sa partie inférieure que se trouve l'appendice, cul-de-sac sujet à l'inflammation. Le signal d'alarme est donné par le point douloureux de Mc Burney, situé au centre d'une ligne droite allant de l'épine iliaque antéro-supérieure à l'ombilic.

Le côlon ascendant grimpe le long du flanc droit de l'abdomen, décrit une courbe vers la gauche en passant sous le foie ; il devient le côlon transverse, passe sous l'estomac (il ne descend normalement pas plus bas que l'ombilic) et continue sa traversée jusqu'à la partie inférieure de la rate. À ce niveau, il se coude pour devenir le côlon descendant qui descend sur le long du flanc gauche, se dirige dans la fosse iliaque gauche pour se terminer par le côlon sigmoïde traversant la cavité pelvienne qui, comme son nom l'indique, ressemble à une anse en forme de « S » pour se terminer par l'ampoule rectale, puis le canal anal et le sphincter de l'anus.

Il est séparé de la région thoracique et de l'estomac par le muscle respiratoire, le diaphragme. D'où l'intérêt des exercices respiratoires pour stimuler le transit des matières fécales.

Physiologie

Le côlon exécute des ondes de contraction et de relâchements rythmiques qui se propagent des deux côtés à partir du transverse, depuis la région de l'angle hépatique jusqu'à l'ampoule rectale. Ces mouvements péristaltiques propulsent le contenu vers l'ampoule rectale.

Une quantité très importante de bactéries s'ingénie à scinder la cellulose. Plus de 100 000 milliards de germes de 500 espèces différentes composent notre flore intestinale et s'ingénient à vivre en symbiose avec nous. Nous apportons à ces germes la nourriture, la chaleur, l'humidité, et en contrepartie ils achèvent la dégradation des aliments fibreux, participent à l'élaboration et à l'assimilation des vitamines B et K et de certaines hormones, s'opposent à la prolifération de bactéries pathogènes, protègent l'immunité et l'endomètre intestinal et davantage.

Il paraît capital de veiller à maintenir la qualité de cette flore car les ennemis se pressent à la porte : parasites, mycoses, bactéries pathogènes, toxines, toxiques, etc.

Les fermentations intempestives provoquées par des aliments mal tolérés risquent de perturber cet équilibre symbiotique par la modification de son pH, perturbation qui favorisera le développement de germes et autres candidats pathogènes et fera le lit des parasites.

Aliments défavorables au maintien d'une bonne flore intestinale :

- le sucre, et tout ce qui est sucré, les produits laitiers de la vache ;
- les aliments qui produisent des ballonnements ;

- pour certains, le gluten, le tofu, quelquefois l'oignon.

Tous ces produits favorisent le développement des pathogènes et notamment des mycoses et bactéries indésirables.

Épices favorables qui s'opposent à la prolifération pathogène : l'origan, la cannelle, le thym, la sarriette, le basilic, le fenouil, la marjolaine, le cumin, le piment d'Espelette, l'ail, les clous de girofle, la graine de coriandre, l'anis vert, la menthe, l'angélique.

Le pancréas

Le pancréas se situe derrière l'estomac. L'anse duodénale entoure sa tête, son corps monte obliquement et croise la colonne vertébrale, sa queue touche la rate. Il pèse environ 70 g et mesure 15 à 20 cm.

Il nous concède deux fonctions : l'une digestive, l'autre endocrinienne.

- **Fonction digestive du pancréas.** Il sécrète journellement plus d'un litre de sucs digestifs qu'il déversera dans le duodénum : l'amylase pour la digestion des glucides, la lipase pour les lipides, le trypsinogène pour la digestion des protéines.
- **Fonction endocrine du pancréas.** Les îlots de Langerhans produisent deux hormones régulatrices de la glycémie :
  - l'insuline qui règle la glycémie en favorisant l'assimilation du glucose au niveau cellulaire, puis en demandant au foie de stocker le supplément ;

- le glucagon qui demande au foie de restituer du glucose dans la circulation sanguine.

Cette fonction endocrine essaie d'établir un équilibre entre les besoins cellulaires et le stockage dans le foie.

La rate

Elle se situe à la partie supérieure gauche de l'abdomen, sous le diaphragme. Elle est en contact avec l'estomac, la pointe du pancréas, la capsule rénale et souvent avec l'angle gauche du gros intestin.

La rate est un organe lymphatique qui pèse environ 150 à 200 g.

Elle produit des lymphocytes et des monocytes. C'est un réservoir de sang qui en profite pour se rajeunir : on dit de la rate qu'elle est le fossoyeur des globules rouges trop âgés. Elle élimine également les corps étrangers et les microbes.

Rôle de la bile

La bile joue un rôle primordial sur notre santé. En émulsifiant les graisses, elle permet leur digestion en libérant leurs précieuses vitamines ainsi que les oméga-3.

Grâce à son alcalinité, elle aide à réguler le pH intestinal et s'oppose à l'effet corrosif de l'arrivée de la bouillie alimentaire (le chyme) imprégnée d'acide chlorhydrique. Le pH de cette bouillie est d'environ 1 ou 2, favorable à la digestion des protéines. À présent, la bile très alcaline va neutraliser cette acidité et ramener progressivement le pH à plus de 7, aidé en cela par le suc pancréatique. Ainsi les glucides et les graisses pourront continuer d'être digérés par les enzymes pancréatiques et intestinaux.

Mais ce changement de pH a également un rôle important dans l'aseptisation du milieu intestinal en s'opposant à la prolifération d'une flore pathogène dans son milieu.

Dès lors on comprend qu'une qualité ou quantité insuffisante de bile puisse être la cause d'un développement intempestif de bactéries et candidats pathogènes favorisant la fermentation de son contenu et par là même les ballonnements.

En lubrifiant le bol fécal, la bile favorise par ailleurs son transit et son évacuation. De plus, elle aide à la synthèse de la vitamine K.

Rôle des enzymes

La vie résulte d'un processus enzymatique. À chaque seconde, plus de 2000 enzymes transforment, activent et renouvellent la trame complexe des processus nécessaires à notre survie. Toutes les fonctions vitales nécessitent la participation d'enzymes et bien sûr il n'y aurait pas de possibilité digestive sans l'aide de ces microbiocatalyseurs.

Les enzymes organiques sont des protéines à structure complexe, pourvues d'activité biocatalytique. Elles se différencient les unes des autres par le nombre et la séquence spatiale de leurs acides aminés, qui leur confère des actions différentes. 95 % des enzymes favorisent la désagrégation du substrat, 5 % environ participent à la reconstruction d'un nouveau substrat.

Chaque enzyme est spécifique à un substrat donné, pour une action également spécifique. Mais pour fonctionner, nos enzymes ont besoin d'un compagnon :

cet élément indispensable s'appelle coenzyme. Notre nourriture devra nous apporter ces indispensables coenzymes, car nous ne sommes pas capables de les synthétiser.

Certaines vitamines, les oligoéléments et les minéraux sont les ingrédients de la structure des coenzymes. Particulièrement les vitamines C, B1, B2 et B12, le cuivre, fer, zinc, manganèse, nickel, sélénium, molybdène, magnésium, potassium, sodium. Nous avons un besoin constant de ces coenzymes.

Le travail enzymatique se réalise dans une ambiance propice, suivant la température et le pH acide ou alcalin, mais également selon l'harmonie qui règne dans leur milieu. Ceci dépend en grande partie des aliments ingérés, des bactéries, mycoses et parasites environnants.

Certaines enzymes ne vivent que quelques minutes, d'autres quelques semaines, notre corps en produit constamment. Il y a dans notre sang plus de 2 500 variétés d'enzymes connues.

La digestion : une succession de phénomènes enzymatiques

Tout commence dans la bouche, milieu au pH alcalin propice à un début de dégradation des glucides par l'amylase salivaire. Dans l'estomac, le changement de pH est radical, qui par l'apport d'acide chlorhydrique devient très acide pour permettre la digestion des protéines par une variété d'enzymes protéolytiques : les protéases. La bouillie sortant de l'estomac sera accueillie dans la première petite partie de l'intestin grêle, le duodénum, dans lequel s'abouchent deux tuyaux : l'un en provenance de la vésicule biliaire d'où s'écoule la bile, l'autre du pancréas exocrine d'où s'écoule le suc pancréatique. Ces deux liquides sont très alcalins et vont dans un premier temps neutraliser l'acidité de la bouillie acide en provenance de l'estomac. Ce nouveau pH permettra aux enzymes pancréatiques et intestinaux de continuer la digestion des glucides, mais aussi des lipides qui auront été émulsifiés par la bile, par l'enzyme lipase.

Ceci n'est qu'un schéma succinct pour situer les différentes étapes du processus digestif. En réalité, les mécanismes enzymatiques sont complexes car ils réagissent aux différentes sollicitations et nécessités.

Il faut également savoir que certaines substances, considérées de ce fait comme poison, peuvent bloquer leur activité ; c'est ainsi qu'agissent les venins de serpents.

Revenons à la digestion.

Certains poisons alimentaires, ou des aliments non identifiés, peuvent bloquer certaines fonctions enzymatiques digestives et ralentir celles-ci, nécessitant de trouver d'autres alternatives digestives. C'est alors qu'interviennent des bactéries qui transforment le milieu en créant une fermentation pour permettre de continuer la digestion. Ce deuxième processus a sauvé la situation digestive mais laisse les traces de son exploit : gaz, ballonnement, dilatation.

Si cette situation de secours n'a besoin d'intervenir que sporadiquement, cela passera inaperçu ; il en sera tout autrement si le phénomène devient coutumier. Dans ce cas, les intestins se dilatent, le *leaky gut syndrome* et la graisse protectrice s'installent dans le secteur, les toxines surchargent le foie et les reins, et progressivement une cohorte de problèmes font sournoisement et progressivement leur apparition avec fatigue, perte de souplesse, éventuellement des douleurs articulaires. Pour stopper cet engrenage, il faut revenir au fondamental.

Que manger soit un vrai plaisir, celui qui donne la satisfaction de rester jeune longtemps, d'être bien dans sa peau et dans sa tête.

Le système nerveux

Le cerveau s'emplit avec le ventre,
et l'optimisme a sa source dans la béatitude des tripes.

Victor Méric, *Les Compagnons de l'Escopette*,
Éditions de l'Épi, 1930, p. 191

Le cerveau

On peut considérer le cerveau comme un super-ordinateur qui reçoit des informations en provenance de l'extérieur et de toutes les régions internes et externes du corps. Il les analyse, les stocke, envoie des messages aux glandes, aux organes, aux muscles, à la peau, etc.

Le système nerveux végétatif de l'intestin

Comme tous les viscères, les intestins sont sous la dépendance du système nerveux parasympathique qui active ou quelquefois inhibe l'activité motrice et le système orthosympathique qui l'inhibe et ceci par l'intermédiaire de médiateurs chimiques, l'acétylcholine pour le parasympathique et la noradrénaline pour l'orthosympathique, et bien d'autres neuromédiateurs. Ces substances sont synthétisées et stockées au sein des neurones pour être libérés et agir opportunément.

Système nerveux intrinsèque : le deuxième cerveau

Les intestins disposent de leur propre système nerveux, d'une part du plexus entérique, et d'autre part du plexus de Meissner. Ils sont autonomes mais en relation directe avec des neurones sensitifs. Ils répondent aux sollicitations directes des besoins locaux et peuvent assurer la motricité intestinale d'une façon autonome. Ces plexus élaborent de nombreux médiateurs chimiques qui transmettent les messages entre les cellules nerveuses et les cellules réceptrices. Il est bon de savoir que ces neuromédiateurs sont identiques à ceux produits par le cerveau. C'est en quelque sorte ce que certains appellent « le deuxième cerveau ». Il est vrai que nos émotions influencent grandement notre système digestif et plus particulièrement nos intestins.

Les effets du stress sur les réactions intestinales sont fréquents et variables : besoin soudain d'aller à la selle, colite, diarrhée, constipation ou alternance de ces dernières peuvent survenir instantanément après un stress.

Les effets négatifs du stress sur les intestins sont d'autant plus aigus sur des intestins déjà fragilisés par des mycoses et parasites, dans un milieu ou le pH a été modifié, favorisant le développement de bactéries pathogènes.

Ces intestins sont quelquefois hypersensibles et doivent au préalable êtres calmés par des points de digitopuncture, avant tout massage ou manipulation. Sans oublier d'éliminer les aliments fauteurs de ballonnement.

Les aliments qui favorisent les ballonnements : le sucre et toutes les sucreries, le miel, les sirops. Ils favorisent le développement des bactéries et champignons générateurs de fermentation.

Temps de digestion des aliments

Si l'estomac est vide : l'eau ira directement dans les intestins, les jus de fruits et de légumes mettront 10 à 15 minutes pour y arriver, des fruits entre 20 et 40 minutes suivant les variétés, de même pour la salade verte ou les légumes crus ; s'ils sont cuits : 40 à 50 minutes. Les pommes de terre, courges, topinambours, châtaignes : environ 1 heure. Les céréales et les légumineuses (riz, quinoa, sarrasin, maïs, millet, lentilles, pois chiches, haricots secs) : environ 90 minutes suivant leur préparation. Les produits laitiers : 120 minutes ou plus suivant leur pourcentage de gras. Les œufs : 30 à 45 minutes. Le poulet : 1 à 2 heures, la dinde un peu plus. Les viandes : plus de 2 heures, selon leur quantité de graisse et leur cuisson. Les poissons maigres seuls : 30 minutes ; poissons gras : 50 à 60 minutes.

Prendre en considération les mélanges. Ces valeurs de temps peuvent changer sensiblement suivant l'accompagnement d'un aliment. Il faut éviter de consommer en même temps un aliment qui se digère rapidement avec un aliment qui demandera plus de temps pour être digéré. En effet, l'aliment dont la digestion est rapide risque d'être obligé d'attendre de pouvoir quitter l'estomac ou l'intestin grêle, patienter que son accompagnateur ait fini d'être digéré, favorisant ainsi la fermentation du milieu dans lequel il est en attente. Par exemple, vous consommez des fruits après avoir mangé un plat de riz ou une purée de pomme de terre ; si les fruits stagnent, alors ils peuvent déclencher un processus de fermentation. Il est donc conseillé de manger les fruits quand l'estomac est vide.

Il faut tenir compte également du besoin enzymatique pour chaque catégorie d'aliment : les viandes sont digérées dans le milieu acide de l'estomac, les céréales et légumineuses dans le milieu alcalin de l'intestin grêle. Si l'on veut faciliter et réduire le temps de leur digestion et éviter les ballonnements, il est préférable de les consommer à des moments différents. Par exemple riz, lentilles et légumes ; ou viande et légumes verts, salade verte. Les légumes s'associent bien avec tout. Il convient simplement d'apprendre à bien les préparer pour qu'ils apportent le plaisir de les manger. Ils doivent être frais et si possible bio, cuits tout en douceur et agrémentés d'herbes aromatiques ou d'épices au choix : basilic, persil, estragon, ciboulette, ail, oignons, curcuma, gingembre, carvi, cumin, etc.

Cependant certains fruits peuvent parfois favoriser la digestion des viandes, ce qui est le cas de l'ananas riche en enzymes protéolytiques, telle la broméläine.

L'inflammation silencieuse

Le cœur du problème favorisant le vieillissement prématuré se situe en grande partie dans l'installation de cette inflammation silencieuse chronique.

Au demeurant, l'inflammation est un mécanisme de défense du corps, lui permettant de lutter contre une agression étrangère et de se réparer. Ce processus est donc favorable à notre survie, à condition qu'il soit passager. S'il persiste et s'installe, il dégradera insidieusement notre santé.

Un état inflammatoire chronique qui évolue à bas bruit n'éveille pas immédiatement d'inquiétude. Au début, on s'habitue à quelques inconforts : ballonnements, gaz intempestifs, digestion lente, éventuellement constipation ou diarrhée. Puis la grande forme disparaît, laissant la place à de la fatigue inexpliquée, des douleurs articulaires, de l'allergie, une mémoire défaillante, éventuellement des kilos superflus. Ce n'est là que le début d'un processus de dégradation pathologique qui risque d'entraîner à la longue une cascade de problèmes dégénératifs beaucoup plus graves (artériosclérose, infarctus, AVC, diabète, maladie auto-immune, entre autres : voir page 11 et suivantes, « Les dangers de l'inflammation silencieuse »).

Pourquoi ?

Comment se fait-il qu'un simple petit problème, presque inaperçu au demeurant, peut nous entraîner dans de telles complications ?

Sans partir dans des explications scientifiques compliquées, résumons simplement le processus. Le passage à travers les intestins de microbes, parasites, mycoses, ou toute autre molécule indésirable, va générer une réaction de défense. Si cela se répète souvent, il s'ensuit un état permanent de défense ainsi qu'une dégradation de la flore intestinale et des intestins. À partir de là, le processus dégénératif s'installe progressivement. D'autant que cet état favorise la libération d'un acide gras, l'acide arachidonique qui donne naissance à des médiateurs pro-inflammatoires favorisant la production en excès de radicaux libres. C'est le cycle infernal.

Détecter les aliments incompatibles

Plusieurs techniques permettent de déterminer les aliments qui ne nous sont pas favorables, car mal digérés, fermentant et provoquant des gaz qui dilateront les intestins et créeront une ambiance délétère à ce niveau, avec les conséquences qui ont été exposées.

- **Test radiesthésiste.** Réalisé à l'aide du pendule.
- **Test alimentaire.** Consiste à évincer au fur et à mesure les aliments susceptibles de provoquer des gaz. Aliments fréquemment incriminés : gluten, produits laitiers, oignon, soja.
- **Pulsologie.** Technique qui consiste à observer une modification du pouls pendant que le patient prend contact avec l'aliment testé.
- **Test kinésiologique.** Test musculaire qui permet d'évaluer l'impact de l'énergie qui nous est positive ou négative d'un aliment ou d'un complément alimentaire. Tous les muscles peuvent être testés à condition d'être sains. Pour débuter l'expérience, nous choisirons le muscle deltoïde. Nous

réaliserons tout d'abord un prétest sur une personne préalablement bien hydratée.

Test kinésiologique

Ce test s'effectue au niveau du muscle deltoïde de l'épaule.

La personne testée se tient droite et se relaxe. Elle lève ses bras à 45°, la paume des mains et le regard tournés vers le sol.

Placez-vous face au testé. Poser vos mains sur ses poignets. Signalez au testé que vous allez appliquer une légère pression vers le bas et qu'il devra opposer une petite résistance pendant 3 secondes.

Réalisez la poussée vers le bas en douceur.

Stoppez la pression, et constatez le degré de résistance.

Si celle-ci est insuffisante, le sujet testé doit boire un verre d'eau.

Prétest

Le prétest instaure un dialogue avec l'énergie musculaire du sujet testé. Après avoir constaté le degré de résistance du muscle deltoïde du testé, faites un brossage du Méridien de la Vésicule Biliaire (VB) dans le sens inverse, c'est-à-dire de bas en haut. À présent le test doit être faible. Brossez aussitôt le Méridien VB de haut en bas et vérifiez : à présent le test est revenu normal (voir schéma du Méridien VB page 162).

Test alimentaire

Le testé tient l'aliment et le place sur son ventre au niveau des intestins. Il tend son autre main à l'horizontale. Posez la question : « Est-ce que cet aliment convient à M. ou Mme ». Faites le test : s'il est fort, l'aliment ne stresse pas les intestins ; si au contraire le muscle deltoïde est faible, les intestins ne le souhaitent pas.

L'autotest kinésiologique

Si vous êtes seul, voici une façon de réaliser soi-même un test kinésiologique.

Commencez par boire un grand verre d'eau pour vous réhydrater, cela facilite le test et le rend plus fiable.

Tenez un petit morceau de l'aliment suspect dans votre main droite.

Réunissez le pouce et le petit doigt de la main gauche, ce qui réalise une ouverture dans laquelle vous introduisez votre index droit. L'index va tenter d'ouvrir ce cercle. Dans le cas où votre index réussit à ouvrir facilement le cercle, l'énergie de l'aliment testé ne vous est pas favorable.

Dans le cas contraire, si le pouce et le petit doigt résistent à la force exercée par l'index, on peut considérer que l'aliment n'altère pas votre force énergétique.

Test des trois colonnes

Voici un test qui va vous aider à éliminer les aliments susceptibles de vous incommoder.

Réalisation

- Première colonne : notez tout ce que vous mangez.
- Deuxième colonne : observez les éventuelles incommodités digestives subies : ballonnements, gaz, colite, diarrhée, constipation, etc.
- Troisième colonne : notez les changements de votre forme physique ou mentale : fatigue, migraine, insomnie, état nauséeux, vertige, vue brouillée, moral en baisse, angoisse, déprime.

Vous pourrez ainsi constater quel est le parallèle entre les aliments que vous avez mangés et les dérangements constatés. Ainsi, vous pourrez éliminer progressivement les aliments qui apparaissent comme étant provocateurs de ces désagréments.

Pour cela, il faut faire le test sur une période allant de 2 à 3 mois.

Les aliments rajeunissants

Ce sont des aliments riches en principes actifs favorisant le renouvellement cellulaire et s'opposant aux méfaits des radicaux libres en excès, par exemple les polyphénols.

Les polyphénols. Ce sont des composés chimiques bénéfiques à la santé contenus dans les plantes colorées comme les carottes qui nous délivrent leur caroténoïde, la tomate son lycopène, les myrtilles et les cassis leurs anthocyanes, le raisin son resvératrol, les fraises leurs flavonoïdes, le kaki ses procyanidol, les câpres, la pomme et l'oignon rouge leur quercétine.

Les polyphénols possèdent un pouvoir antioxydant naturel préventif de l'inflammation, des maladies cardiovasculaires et dégénératives.

L'huile d'olive vierge première pression à froid doit en grande partie ses bienfaits reconnus à sa richesse en polyphénols.

Des études in vivo ont prouvé les bienfaits de la quercétine sur les inflammations, notamment en cas de prostatite chronique.

Les aliments riches en polyphénols. Ce sont des **aliments hauts en couleur** : poivron et oignon rouge, poivron jaune, piment, tomate, carotte, abricot, fraise, mûre, myrtille, cassis, framboise, potiron et la plupart des légumes et fruits colorés. On les retrouve également dans les plantes comme le thé vert, le romarin, la livèche, le basilic, le persil, l'estragon, et aussi le vin rouge, l'huile d'olive.

Nous avons également besoin de glutathion, de carnosine, de coenzyme Q10, d'acide alpha-lipoïque, de zinc, de sélénium. Les noix et les amandes sont riches en sélénium et en lipides bienfaisants.

Bienvenues aux épices. En plus d'agrémenter nos mets, elles ont d'innombrables vertus. À présent, nous connaissons les propriétés anti-inflammatoires du curcuma. En réalité de nombreuses épices possèdent d'appréciables propriétés : thym, sarriette, basilic, persil, clou de girofle, gingembre, piment, genièvre, fenouil, anis vert, etc. Ils favorisent la digestion, s'opposent à la fermentation et la prolifération des mycoses.

La pharmacie du Bon Dieu. L'ail, le cynorhodon, les bourgeons et les feuilles de frêne figurent en bonne place dans leurs actions bénéfiques au niveau cardio-vasculaire, entre autres.

Les aliments critiquables

Le pain

Ce peut être le meilleur ou le pire des aliments. Le pain actuel ne correspond en rien au pain de nos ancêtres. Le blé a subi beaucoup de transformations pour être plus résistant aux charançons et plus riche en gluten. Ajoutez à cela une culture intensive. Résultat : de nombreuses personnes sont intolérantes au gluten, mais également à d'autres composantes du blé. Leur système enzymatique le digère avec beaucoup de difficultés, ce qui entraîne des flatulences, des ballonnements, de l'acidité et la production de toxines génératrices de raideurs, de douleurs musculo-articulaires et quelquefois de rhumatismes. Il convient donc d'être très circonspect avec la consommation du pain au blé. Il semble plus digeste grillé. Quoi qu'il en soit, si vous avez des problèmes intestinaux ou des douleurs ou raideurs articulaires, constatez par vous-même en évitant de manger des aliments contenant du blé : pain, pâtes, pizza, semoule, boulgour. Méfiez-vous de certains plats industriels, vérifiez les étiquettes.

Le lait

Le lait de vache convient parfaitement au veau, mais il est beaucoup moins digeste pour nous, puisqu'à partir de 3 ans nous arrêtons de produire la lactase, cette enzyme qui permet de le digérer. Sa digestion est donc compromise, elle se réalise grâce à des réactions bactériennes qui peuvent engendrer des troubles intestinaux, des flatulences, de l'acidité, des toxines responsables de sinusite, de rhinite chronique, d'eczémas, d'asthme.

Contrairement à ce qu'il est coutume de croire, le lait de vache peut être décalcifiant, ce qui expliquerait que le nombre croissant de rhumatismes et de déminéralisations soit en parallèle avec la courbe croissante de consommation de produits laitiers.

Le rapport Campbell. Il s'agit de la plus vaste et exhaustive étude internationale réalisée à ce jour après quarante années d'étude aux quatre coins du monde, de l'impact alimentaire sur la santé. Il conclut que la caséine du lait peut déclencher des réactions favorisant le cancer.

Le sucre

Non seulement il favorise le diabète et l'obésité mais le sucre, le miel, les sirops favorisent aussi le développement des bactéries et des champignons générateurs de fermentations et par conséquent de ballonnements.

Troubles fonctionnels organiques et alarme énergétique

Les cellules, comme tout être vivant, consomment, éliminent, font partie d'une société de travailleurs, correspondent entre elles, fournissent un travail en participant à une fonction déterminée. Les cellules sont laborieuses et font tout pour nous rendre la vie agréable, si possible.

Mais elles sont comme nous, tributaires du milieu dans lequel elles vivent. Si celui-ci leur convient, elles prospèrent et tout va bien.

Mais si ce milieu est souillé par des toxiques, toxines, gaz putrides , si le pH de ce milieu ne leur convient plus, elles souffrent et dégénèrent, leur équilibre énergétique est perturbé. Dans un premier temps, les tissus ne sont pas détruits et rien n'est visible à l'imagerie médicale. Cela peut rendre le thérapeute perplexe. Cependant le patient a des douleurs, parce que les cellules qui souffrent le lui font savoir en envoyant un message sur une région de leur Méridien où circule l'énergie qu'elles produisent.

La région choisie sur le Méridien sera désignée en fonction de plusieurs critères. Souvent, c'est une zone de grande activité (articulation, muscle, etc.), éventuellement déjà fragilisée.

Exemple : sur le Méridien du Gros Intestin (GI), commençant à l'index, passant au poignet, au coude, à l'épaule au cou, et venant se terminer sous le nez. Un musicien, un écrivain ou toute autre personne faisant fréquemment usage de son index peut y avoir une douleur ; pour le joueur de tennis ou la repasseuse, ce pourra être le coude. Les douleurs d'épaule PSH (périarthrite scapulo-humérale) toucheront plus facilement un individu qui a eu dans son passé un traumatisme sur cette épaule, comme une chute dans son enfance.

Quant à la gorge, les sinus, les dents, il n'est pas rare qu'il y ait un rapport avec des problèmes intestinaux. Ce n'est pas pour rien que des textes chinois très anciens proposent – pour soigner les maux de dents, la gorge, les sinus – le 1 GI, le 4 GI, le 11 GI. Ces points aideront à harmoniser l'énergie du GI et favoriseront le retour à la normale, pour autant que l'on supprime les éléments responsables.

Ces douleurs nous mettent sur la voie. Cherchons à éliminer les fauteurs de troubles, par l'alimentation, les plantes, les huiles essentielles, éventuellement les vermifuges ou autres médicaments antiparasitaires, plus la relaxation.

Relation intestins et rhumatismes, fatigue, insomnie

Les médecins constatent que leurs patients se plaignent très souvent de cette association : la patiente qui souffre de rhumatismes se plaint également d'être fatiguée, de se réveiller au milieu de la nuit, et si l'on pousse la recherche, elle avouera avoir aussi des problèmes intestinaux. Ballonnements, constipation, diarrhée bien que les examens ne décèlent aucune trace d'anomalie pathologique.

Dans le cadre de mes cinquante années de pratique, j'ai constaté très souvent que des lombalgies disparaissaient en soignant par la digitopuncture et une alimentation appropriée aux possibilités digestives du patient. Entre autres, le Merveilleux Vaisseau *Tae Mo*, qui traite les problèmes résultants de dyskinésie biliaire avec répercussions intestinales, fait souvent merveille pour la lombalgie en ceinture.

Quant à l'arthrite de l'épaule, elle peut disparaître après le traitement du Méridien distinct du Gros Intestin. Le Méridien du Gros Intestin concerne les douleurs de la partie antérieure de l'épaule ; le Méridien de l'Intestin Grêle concerne celles de sa partie postérieure, c'est-à-dire sur le trajet scapulo-huméral de son Méridien.

Cela ne relève pas du miracle, mais d'une *logique* énergétique qu'il serait bon de connaître afin de mieux comprendre la genèse de ces concordances patho-*logiques*.

Il y a des millénaires que les acupuncteurs ont fait la relation entre certaines douleurs d'épaules et l'expression d'une souffrance intestinale.

De nos jours, la médecine hautement spécialisée n'arrive pas encore à démontrer cette relation car les appareils de plus en plus sophistiqués ne permettent pas de trouver ce rapport. Pour une raison évidente, l'énergie est invisible et ne s'exprime au départ qu'à travers des sensations, comme un message qui nous rappelle à lui par une douleur de plus en plus présente sur le trajet du Méridien de l'organe correspondant à la souffrance de ses cellules.

Constatation et déduction. Pour comprendre la relation entre les douleurs ostéo-musculaires et tendineuses, la fatigue, les maux de tête et le ventre, il convient d'accepter que toutes les cellules participant à une fonction produisent de l'énergie par leur travail et aient réciproquement besoin d'énergie pour réaliser cette activité. C'est l'évidence même.

Et c'est maintenant que tout devient clair pour autant que l'on admette la réalité de l'existence des Méridiens. Car c'est sur le trajet du Méridien que va circuler cette énergie, et c'est sur une partie de sa trajectoire qu'elle va exprimer sa souffrance.

Le foie

Rôle physiologique du foie

Le foie, ministre de notre santé, joue un rôle capital sur de nombreuses fonctions. Voici un résumé :

- réservoir de sang, il reçoit environ 1500 ml/min et en contient en permanence 450 ml ;
- défenseur immunitaire (cellules de Kupffer) ;
- sécrétion biliaire : 600 à 1200 ml par jour (conjugaison de la bilirubine) ;
- détoxification, élimination des poisons endogènes et exogènes (alcool, tabac, médicaments, produits toxiques) ;
- participe au maintien de l'équilibre acide-base ;
- fonction énergétique ;
- fonction métabolique glucidique indispensable en dehors des repas (stockage et restitution du glucose) ;
- métabolisme des lipides (oxydation des acides gras, synthèse des lipoprotéines) ;
- métabolisme protidique (synthèse de 90 % des protéines plasmatiques, synthèse de l'urée par élimination de l'ammoniaque) ;
- synthèse du cholestérol ;
- synthèse de certains facteurs de coagulation (vitamine k) ;
- stockage de vitamines A, D, B12 ;
- stockage du fer.

Ce n'est là qu'un résumé de toutes les fonctionnalités hépatiques.

Depuis des millénaires, les Chinois connaissent l'importance du foie sur les muscles et les tendons, la vue, les ongles, les larmes, la qualité du sang, la circulation veineuse, et le côté combatif et éventuellement colérique du tempérament Foie-Vésicule Biliaire.

Les reins et les surrénales

Les reins

Les reins sont chargés de filtrer continuellement plus de 1300 litres de sang par jour afin d'y excréter l'urée, l'acide urique et les substances toxiques.

De plus, ils régulent le métabolisme de l'eau, équilibrent les apports ioniques sodium-potassium, ainsi que la pression osmotique et l'équilibre acido-basique.

Ils jouent également un rôle important sur la pression artérielle.

L'énergie produite par les glandes surrénales situées au sommet des reins est incluse dans le circuit énergétique du Méridien des Reins. Ces glandes jouent un rôle anti-inflammatoire, un rôle sur le métabolisme du calcium, sur la sexualité, les défenses de l'organisme, le courage, la décision.

Les reins sont situés dans la région lombaire, sous la 11e côte et la crête iliaque, de part et d'autre de la colonne vertébrale ; le rein droit sous le foie, le rein gauche sous la rate. Habituellement, le rein droit est plus bas que le gauche.

Chaque rein pèse à peu près 150 g et mesure environ 10 à 15 cm sur 5 à 7 cm de large et 4 cm d'épaisseur.

Ils sont maintenus en place par du tissu conjonctif fibreux et une épaisse enveloppe de graisse ; si celle-ci diminue ou se distend, les reins deviennent flottants. La ventripotence favorise le relâchement des ligaments suspenseurs et la descente des organes génito-urinaires. D'autre part, la graisse abdominale et l'hypotonicité des muscles abdominaux favorisent le relâchement des sphincters. Avec l'âge, cette perte de contrôle devient un vrai et pénible problème. Heureusement nous pouvons l'éviter ! C'est aussi un des enjeux de cette méthode.

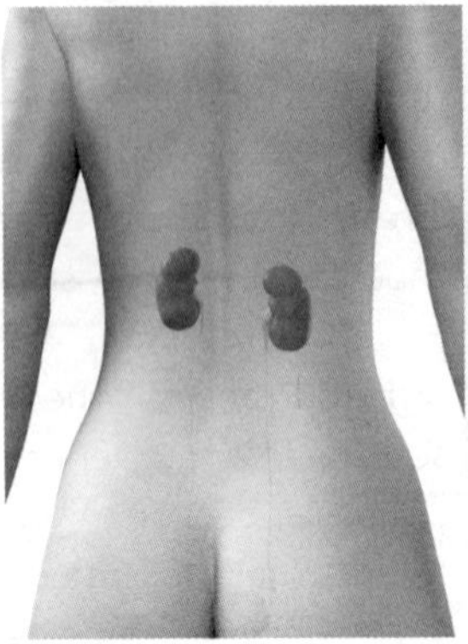

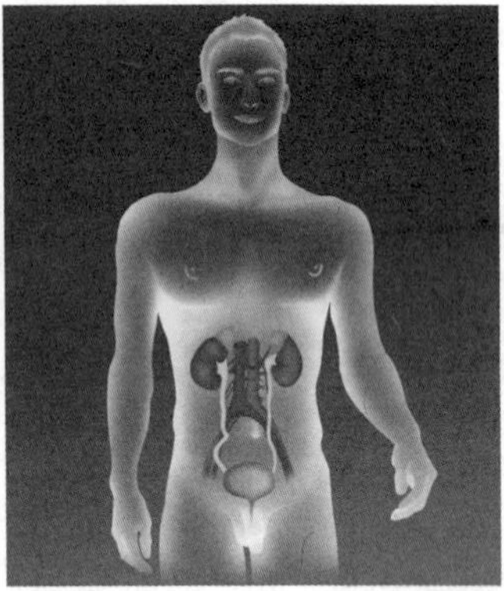

La vessie

La vessie est un sac musculeux, capable de se dilater et pouvant contenir plus d'un demi-litre d'urine, exceptionnellement un litre en cas de réplétion forcée. Le besoin d'uriner se fait sentir à partir de 300 ml.

La vessie se situe derrière la symphyse pubienne, elle a des rapports anatomiques avec des anses de l'intestin grêle et le côlon sigmoïde, le vagin et l'utérus chez la femme, et la prostate chez l'homme.

Elle reçoit l'urine en provenance des reins via l'uretère, le stocke et l'excrète via l'urètre, par contraction de ses propres muscles et le relâchement de son sphincter.

La cystite est occasionnée par l'inflammation de la vessie et, ou, de ses conduits urinaires. Elle est souvent causée par des bactéries en provenance des intestins (*Escherichia coli* entre autres). On en vient rapidement à bout grâce à la digitopuncture : 6 Rn, 65 V, 3 VC.

En phyto-aromathérapie, on soigne la cystite avec l'huile essentielle de santal de Mysore.

L'alimentation adaptée est préconisée dans ce livre.

CHAPITRE II – L'ALIMENTATION

Dis-moi ce que tu manges, je te dirai ce que tu deviendras.

Claude Bernard

Tous les nutritionnistes s'accordent à dire que l'alimentation joue un rôle prépondérant dans la santé. Mais de tous les régimes proposés, lequel choisir ?

Dans le casse-tête des régimes à la mode, le plus sûr et d'adopter une alimentation équilibrée et adaptée à nos besoins et surtout à nos possibilités digestives enzymatiques.

Après une petite révision des besoins physiologiques, nous passerons succinctement en revue les différents modes alimentaires proposés. Nous comprendrons ainsi mieux l'intérêt de ma méthode d'alimentation adaptée à nos possibilités digestives enzymatiques que j'ai finalement adoptée après plus d'un demi-siècle de recherche dans ce domaine.

Tout d'abord, voyons les besoins de nos cellules.

Les besoins de nos cellules

Protides

Besoins journaliers : 1 g/kg de poids corporel. Ils sont les constituants de toutes nos cellules vivantes et de nos enzymes.

Leur valeur nutritive dépend des acides aminés qu'ils contiennent.

Il y a 25 acides aminés, 17 peuvent être synthétisées par l'organisme les 8 autres sont dits essentiels car leur apport alimentaire est indispensable.

On les trouve facilement dans le règne animal. L'œuf contient tous les acides aminés.

Ils sont parfois incomplets dans les végétaux, c'est pourquoi si vous êtes végétarien il est conseillé d'associer céréales et légumineuses, par exemple des lentilles ou des algues avec le riz, des haricots rouges avec le maïs, des pois chiches avec le couscous (si vous le tolérez).

Glucides (responsables d'adiposité)

Encore appelés sucre ou hydrate de carbone, ils sont pour la plupart d'origine végétale : céréales, fruits, légumineuses, légumes racines, courge, pomme de terre, betterave et bien sûr le sucre, le miel, le sirop d'érable ou d'agave.

Les glucides sont les aliments énergétiques par excellence.

Il existe toutefois un revers de la médaille : en cas de consommation exagérée, ils produisent de la graisse.

Ce sont souvent les principaux responsables de l'adiposité.

Les excès de pizzas ou de pâtes ont contribué largement à la fabrication du coussin de graisse sur votre ventre et des fameux bourrelets d'amour. Voyons comment ils sont arrivés là.

Une fois réduits par les enzymes en glucose et qu'ils ont franchi la barrière intestinale, ils sont pris en charge par l'hormone insulinique qui les dirige vers les cellules, le supplément sera stocké dans le foie sous forme concentrée : le glycogène. En cas d'arrivée de glucose excédentaire, il doit impérativement limiter sa présence dans le sang et se transforme alors en graisse pour pallier à une éventuelle disette.

De nos jours en Occident, les disettes épargnent une grande partie de la population et fabrique à outrance des individus en excès pondéral, bien en graisse. Cette épidémie, particulièrement installée aux États-Unis, gagne à présent l'Europe et l'Asie. Avec comme corollaire une augmentation du nombre de diabétiques.

Nous devons être vigilants dans notre consommation de glucide.

Les savants se penchent sur ce grave problème et mettent à notre disposition des moyens de prendre en compte l'effet d'un aliment sur notre glycémie.

À présent, nous pouvons classer les aliments pourvoyeur d'hyperglycémie en fonction de trois critères. Le premier en date : l'index glycémique (IG). Depuis peu, nous disposons d'un critère plus précis : la charge glycémique (CG). Et finalement, nous prenons en plus de ces deux critères l'index insulinémique (II).

Qu'est-ce que l'index glycémique (IG) ?

L'IG correspond au pouvoir sucrant de l'aliment. Plus il est élevé, plus rapide est son absorption, c'est-à-dire son passage dans le sang, et plus vite s'élève la glycémie.

Le glucose sert de référence car 100 % du glucose consommé passe dans le sang. Son index glycémique est donc de 100.

Aliments courants à index glycémique bas

Légumes crus	IG 15 %
Légumes cuits	IG 33 %
Chocolat noir	IG 22 %
Cerises griottes	IG 23 %
Groseilles	IG 25 %
Pamplemousse	IG 25 %
Lentilles corail	IG 28 %
Lentilles cuites	IG 45 %
Pois chiches	IG 28 %
Pois	IG 40 %
Yaourt	IG 35 %
Lait	IG 27 %
Poire, pomme	IG 38 %
Orange douce	IG 40 %
Raisin	IG 45 %
Carottes crues, céleri cru	IG 33 %
Carottes cuites	IG 40 %

Haricots verts	IG 30 %
Tomates, aubergines	IG 25 %
Farine de blé	IG 45 %
Farine de sarrasin	IG 40 %
Farine de quinoa	IG 35 %
Noix, amandes, noisettes	IG 15 %
Salade verte, radis, avocat	IG 10 %

Aliments courants à index glycémique moyen

Riz blanc	IG 74 %
Boulgour	IG 55 %
Abricots	IG 57 %
Cerises douces	IG 50 %
Kiwi	IG 50 %
Ananas	IG 50 %
Papaye	IG 56 %
Melon	IG 65 %
Pâtes complètes	IG 50 %
Céréales muesli	IG 50 %
Pain complet	IG 50 %
Riz complet	IG 50 %
Banane	IG 50 %
Betterave	IG 53 %
Yaourt aux fruits	IG 50 %

Toutes ces valeurs donnent une idée approximative : elles restent bien entendu relatives et dépendent de la variété, de la provenance, de la maturation, etc.

La plupart des autres aliments ont un IG plus élevé que la moyenne, comme le pain blanc : IG 85 %, alors que le pain complet descend à 70 %.

La cuisson augmente l'IG. C'est ainsi que plus les pâtes sont cuites, plus l'IG grimpe. De même pour les pommes de terre qui en purée voient leur pourcentage d'IG monter à plus de 80.

Cependant il est préférable de tenir compte de la charge glycémique.

La charge glycémique

Qu'est-ce ? L'indice glycémique donne la mesure de la qualité des glucides. La charge glycémique, quant à elle, prend en compte la qualité et la quantité des glucides dans les aliments. Ainsi, cette dernière donnée permet d'avoir une idée plus précise de la quantité de sucre avalée.

La réduction de la charge glycémique absorbée journellement permet de perdre du poids chez les individus ayant une sécrétion élevée en insuline. Vous pourriez également avoir des effets bénéfiques sur votre cholestérol et vos triglycérides.

La charge glycémique (CG) permet de quantifier la capacité à faire monter la glycémie pour 100 g d'un aliment donné.

CG = (teneur en glucides pour 100 g d'un aliment) × IG /100.

Par exemple, pour 100 g de pêches, il y a 9 g de glucides. Le glucide contenu dans la pêche a un indice glycémique de 30.

Calcul de la CG de 100 g de pêches = (9 × 30)/100 = 2,7.

Finalement, la charge glycémique de ces pêches ne s'élève qu'à 2,7.

Pour un petit biscuit sablé, il y a 72 g de glucides pour 100 g de biscuits, avec un indice glycémique à 55.

Calcul de la CG de 100 g de biscuits = (72 × 55)/100 = 72.

La CG 72 du biscuit est élevée.

Vous pouvez aussi calculer la CG que vous mangez dans une journée.

La charge glycémique permet de se rendre compte que certains aliments à IG élevé n'ont finalement pas une charge en sucre si forte que ça ! Par exemple, la carotte cuite, longtemps écartée dans les régimes des diabétiques, a un indice glycémique de 85 ! Effectivement c'est élevé. Mais il n'y a que 6 g de glucides totaux dans 100 g de carottes cuites. Soit (6 × 85)/100 = 5,1 en charge glycémique. Valeur faible et donc sans élévation importante de la glycémie.

Limitez au maximum les charges glycémiques supérieures à 20. Entre 11 et 19, la charge glycémique est modérée. Privilégiez les charges glycémiques inférieures à 10.

Essayez de manger les aliments sucrés au moment des repas principaux. Ainsi l'hyperglycémie est moindre et donc le stockage sous forme de graisse limité.

Charge glycémique pour 100 g :

Avocat : 1
Noix, amandes : 1
Tomates : 1
Légumes verts : 1
Olives : 1
Salade, choux, épinard, haricot vert : 1
Champignon : 1
Ail : 2,
Oignon : 3
Betterave rouge crue : 3 ; cuite : 6

Myrtilles, cassis, fraises, framboises : 1
Pamplemousse : 2
Orange : 3
Pomme, poire, abricot : 4
Kiwi : 6
Cerises acides : 4
Cerises sucrées : 7
Orange sucrée : 7
Petite mangue : 8
Un demi-melon : 8
Raisin : 45

Jus d'oranges pressées frais : 4
Jus d'oranges en boîte : 7
Jus de pomme naturel : 7
Jus de pamplemousse (25 cl) : 8
Jus de carottes (25 cl) : 9
Boisson au Cola : 14
Bière : 6
Vin : 13

Yaourt nature : 2
Lait : 2
Lait de soja : 3
Yaourt aux fruits : 6
Pâtes complètes : 9
Patate douce : 10
Pomme de terre bouillie avec peau : 9
Pomme de terre bouillie pelée : 14
Pomme de terre cuite au four : 20
Pomme de terre frite : 31
Purée de pomme de terre : 14
Quinoa cuit : 6
Pois secs cuits : 6
Pois chiches cuits : 7
Riz basmati demi-complet : 13
Riz complet : 15

Riz long blanc : 16
Riz blanc précuit : 17

Tomate : 1
Chou : 1
Carotte crue : 2
Carottes cuites : 5
Navet : 2
Potiron, courgette : 5
Épis de maïs : 8
Maïs en boîte : 9
Fèves cuites : 11
Lentilles brunes : 5
Lentilles vertes : 4
Haricots verts : 1
Haricots rouges : 4
Petit pois frais : 4
Pois cassés : 5

Myrtilles, framboises (30 g) : 5
Prune : 5
Pêche : 30
Pomme : 30
Pastèque : 5
Papaye : 4
Fraises : 5
Banane : 12
Mangue : 7
Melon : 4
Raisin : 45
Raisin sec : 60
Dattes : 71
Abricot sec : 15
Abricot frais mûr : 6
Marmelade d'abricots sans sucre : 11
Raisins secs : 42

Pain blanc : 10
Pain complet : 8
Pain de seigle complet : 15
Pain de campagne : 37
Pain de mie : 33
Baguette : 40
Biscuit sec : 40

Glucose : 100
Sucre (saccharose) : 70
Sirop de menthe, grenadine, cassis : 47
Confiture : 45
Compote peu sucrée : 25
Miel : 72
Fructose : 20
Nutella : 20
Croissant : 30
Muffin, madeleine : 35
Barre chocolatée : 40
Mars : 25
Barre muesli aux fruits secs : 42
Petit-beurre : 35
Gaufre, biscuit de Savoie : 25
Chocolat noir à 70 % de cacao : 7
Chocolat au lait : 25
Pain au chocolat : 29
Mousse au chocolat : 6
Chips : 30
Crackers : 39
Corn-flakes : 72
Pop-corn sans sucre : 42
Muesli : 24
Céréales sucrées : 57
Crème glacée : 10

Sorbet : 17
Flan caramel : 45

Farine de sarrasin : 33
Farine de blé : 25
Farine de blé complet : 18
Boulgour cuit : 11
Maïzena : 60
Semoule : 16
Tapioca : 74
Nouilles : 16

Spaghettis al dente : 12
Boulgour : 11
Pâtes fraîches cuites : 25
Pâtes complètes : 10
Riz soufflé : 80
Riz blanc 15
Riz basmati semi-complet : 12
Patates douces : 11
Pizza : 17
Crêpes au sarrasin : 13

Index insulinémique

L'index insulinémique (II) tient compte de la production d'insuline sécrétée par un aliment donné. Car quelques aliments à faible index glycémique peuvent déclencher une production d'insuline importante. C'est le cas notamment de certains produits laitiers comme les yaourts nature dont l'index glycémique est de 20 alors que leur index insulinémique monte à plus de 100. Les yaourts sucrés ont un index glycémique d'environ 39 et un index insulinémique qui monte à peu près à 130.

Voici quelques aliments dont l'index insulinémique est supérieur à l'index glycémique :

IG = index glycémique
CG = charge glycémique
II = index insulinémique

Pain blanc	IG 85	CG 50	II 102
Pain complet	IG 50	CG 24	II 90
Croissant au beurre	IG 66	CG 16	II 70

Croissant au chocolat	IG 68	CG 17	II 85
Croissant (margarine)	IG 68	CG 18	II 93
Pain de seigle	IG 40	CG 20	II 57
Riz basmati	IG 49	CG 12	II 55
Riz brun	IG 51	CG 12	II 60
Riz long blanc	IG 60	CG 14	II 67
Lentilles	IG 22	CG 5	II 45
Pâtes complètes	IG 55	CG 13	II 35
Pâtes blanches	IG 56	CG 13	II 45
Pomme de terre bouillie avec peau	IG 65	CG 9	II 100
Purée de pomme de terre	IG 80	CG 14	II 130
Frites	IG 75	CG 25	II 75
Chips	IG 80	CG 39	II 60
Bœuf	IG 1	CG 1	II 30
Poisson	IG 1	CG 1	II 50
Fromage suivant consistance	IG 1	CG 1	II 30 à 47
Yaourt nature	IG 20	CG 2	II 100
Yaourt sucré	IG 35	CG 5	II 129
œuf à la coque	IG 0	CG 0	II 25
Œuf sur le plat	IG 0	CG 0	II 28
Œuf dur	IG 0	CG 0	II 35
Omelette	IG 0	CG0	II 37
Flan caramel	IG 44	CG 45	II 75
Muesli aux fruits secs	IG 40	CG 33	II 45
Crème glacée	IG 35	CG 10	II 75
Pomme douce	IG 30	CG 4	II 48

Jus de pomme	IG 42	CG 8	II 65
Pêche	IG 30	CG 3	II 58
Poire	IG 33	CG 30	II 60
Banane	IG 50	CG 12	II 80
Raisins	IG 45	CG 45	II 60
Raisins secs	IG 65	CG 64	II 80
Orange	IG 35	CG 3	II 60

L'intérêt de ces trois critères

- L'**indice glycémique** nous informe sur la vitesse d'arrivée du glucose dans le sang d'un aliment donné.
- La **charge glycémique** tient compte de la quantité de glucose contenue dans un aliment donné et de la vitesse d'arrivée dans le sang de cette quantité de glucose.
  Résultat. Un aliment riche en eau et en fibres peut contenir un peu de glucose à un taux élevé d'index glycémique tout en ayant une charge glycémique basse.
  Exemple. Une pomme douce à IG 30, c'est-à-dire élevé, n'a que 12 g de glucide pour 100 g de pommes. Votre consommation vous aura procuré une charge glycémique de 3,6 c'est-à-dire peu, donc mangeons des pommes !
  Idem pour les autres fruits comme la prune qui contient 10 g de glucide dont l'IG est de 22 soit une CG de 2 seulement. Encore mieux, les fraises, framboises, myrtilles, cassis dont l'IG est

d'environ 5, pour environ 20 g de glucide, ont une CG égale à 1. Bravo les petits fruits.
Pour en terminer avec les glucides de fruits, voyons le melon dont l'IG est très élevé, 65 ; mais il contient surtout de l'eau et peu de glucides, 6, soit une CG inférieure à 4.
Les fruits sont intéressants à plus d'un titre, d'abord par leurs glucides souvent plus riches en fructose qu'en glucose ; or le fructose produit une augmentation plus lente de la glycémie que le glucose.
Cependant certains fruits sont plus chargés en glucose que d'autres, c'est le cas des raisins.
Il faut aussi tenir compte de la teneur en fibres d'un aliment qui joue un rôle non négligeable sur l'ensemble de la digestion et de la glycémie. C'est là un des grands intérêts des légumes, riches en fibres, en vitamines et en minéraux. Conclusion : bienvenue aux fruits et aux légumes.

- Avec l'**index insulinémique**, il ne s'agit plus de s'intéresser à l'élévation du sucre sanguin mais à celle plus précise de l'insuline.

Impact glycémique

Voyons maintenant l'impact glycémique de certains glucides en fonction de leur rapport avec notre production insulinique.

Notre glycémie dépend non seulement de la quantité de glucides qui vient d'être absorbée au niveau intestinal, mais aussi de l'action de l'hormone insuline chargée de distribuer ce glucose aux différentes cellules, contribuant ainsi à éviter l'hyperglycémie.

Pour être en bonne santé, le taux de glucose dans le sang doit se situer entre 0,8 et 1,2 g/l. En dessous c'est l'hypoglycémie avec tout ce que cela comporte comme désagrément : faiblesse, perte de la coordination, entre autres ; au-dessus c'est l'hyperglycémie avec risque de diabète générateur de problèmes cardiovasculaires, oculaires, obésité ou maigreur et bien d'autres.

L'index insulinémique tient compte de l'élévation de la qualité fonctionnelle de l'insuline par rapport à un aliment donné.

On constate le plus souvent un parallèle entre index glucidique et index insulinémique. Toutefois, certains aliments échappent à ce parallélisme, notamment les pommes de terre et les produits laitiers, plus particulièrement les yaourts, comme vous pouvez le constater dans la liste précédente.

Conclusion

Faisons la part belle aux légumes : haricots verts, épinards, brocolis, chou, salade verte, champignons, courgettes, fenouil, navets, poivrons, aubergines, tomates, asperges, artichauts, avocat, olives, carottes crues.

La pomme de terre n'est pas à bannir, mais il faut modérer sa consommation et tenir compte de son mode de cuisson. Préférez-la bouillie avec sa peau : sa CG est ainsi de 9 alors que bouillie pelée, sa CG monte à 17, en purée sa CG est à 13, gratin dauphinois 20, frites 31.

Faites votre choix !

La plupart des fruits ont un IG au-dessous de 5, particulièrement les fraises, les cerises, le pamplemousse, les framboises, les myrtilles, les cassis, les oranges, la pastèque.

La pomme a un index glycémique de 30 mais une CG de 4 et un index insulinémique de 48, ce qui est très convenable. De plus, elle est riche en vitamines, minéraux, antioxydants, enzymes, fibres. C'est un excellent fruit pour la santé. Je serais plus circonspect en ce qui concerne le jus de pommes, son IG monte à plus de 40 et son index insulinémique à 65 ; cela s'explique par l'absence de fibres dans le jus. Par conséquent, sa consommation doit être modérée et éventuellement coupée avec de l'eau.

En ce qui concerne les céréales : le quinoa avec une CG de 6 détrône le riz et sa CG supérieure à 12 pour le riz basmati, alors que le riz blanc monte à 18. Les légumineuses – lentilles, pois chiches, haricots rouges – ont des CG à peu près équivalentes à celle du quinoa, c'est-à-dire 6 ; elles sont donc les bienvenues en petites quantités, à condition de bien, très bien, les mastiquer.

Dans l'ensemble, des quantités raisonnables de céréales et de légumineuses sont de bons aliments avec un effet glycémique progressif grâce à leur teneur importante en fibres. Leur digestion est principalement réalisée dans les intestins et se termine souvent dans le gros intestin, où ils seront digérés à travers un processus de fermentation qu'il conviendra de minimiser pour limiter la production de gaz dilatant par une consommation modérée, une mastication complète et en évitant les aliments incompatibles, comme les fruits acides.

Tenir compte également de la cuisson. Nous l'avons noté, une pomme de terre bouillie avec sa peau a une charge glycémique acceptable de 9 alors qu'elle monte à 25 avec les frites, de même pour les pâtes qu'il est préférable de manger al dente, c'est-à-dire pas trop cuites.

Éviter les aliments à CG et II élevés : yaourts, frites, miel, sirop d'érable, barres chocolatées, pizzas, biscottes, céréales sucrées, chips.

Favoriser les aliments à CG bas : légumes, salade verte, viandes, poissons, œufs, ail, oignons, amandes, noix, olives, radis, asperges, artichauts, chou, brocolis, haricots verts, endives, courgettes, fenouil, tomates, champignons, avocats, navets, aubergines, poivrons, lait de coco, céleri-rave ou bran.

Index Pral (potential renal acid load)

Cet index indique la charge rénale potentielle d'un aliment, c'est-à-dire son impact acidifiant ou alcalinisant sur l'organisme.

Cette mesure est réalisée sur un prélèvement urinaire.

Il ressort de cette mesure que les fruits et les légumes sont alcalinisants et que les céréales et les viandes sont acidifiantes.

Parmi les aliments les plus alcalinisants : les herbes aromatiques, les épices, les châtaignes, les bananes, la courge, les algues, le chou, les salades, pommes de terre, topinambours, carottes, raisins, abricots.

Parmi les aliments les plus acidifiants : les abats, le fromage de chèvre, la morue salée, le saumon et le thon en conserve, le gibier, les produits de la chasse, les fromages, les viandes, la charcuterie et les poissons, les céréales et leurs sous-produits.

Les aliments neutres ou presque : les huiles, le beurre, la margarine, le quinoa, les graines de sésame, le yaourt nature, la crème fraîche, la bière, le chocolat, le tapioca, les haricots secs, les petits pois.

Conclusion.
Pour favoriser notre équilibre acido-basique
Une fois de plus, les fruits et les légumes ont la part belle, et l'on aurait tort de s'en priver. En fait, nous pouvons manger de la viande à condition de neutraliser son potentiel acide par des légumes et des salades. Quant aux céréales, le quinoa et le riz basmati aromatisés d'épices et de fines herbes, accompagnés de légumes ou de champignons, seront les bienvenus.

- **Complément alimentaire.** Une boisson lacto-fermentée favorise naturellement l'équilibre acido-basique tout en rééquilibrant la flore intestinale : NM Flore (nutrimieux.com).

Lipides

Les lipides sont absolument nécessaires. Ils fournissent de l'énergie et des vitamines liposolubles : vitamines A, D, E et K. Ils sont indispensables à notre système nerveux et nos membranes cellulaires. Du gras, oui ! Mais pas n'importe quel gras.

Les bons lipides contiennent des acides gras insaturés, soit mono-insaturés, soit di-insaturés et encore mieux : poly-insaturés.

Ces lipides disposent de place dans leur chaîne moléculaire pour recevoir des atomes d'hydrogène. Ce qui n'est pas le cas des acides gras saturés pour lesquels tous les atomes de carbone sont déjà entourés de deux atomes d'hydrogène et ne peuvent plus en accepter d'autres, ils sont saturés en hydrogène.

Éviter les acides gras saturés et trans

On les trouve principalement dans les graisses animales, mais aussi l'huile de coco ou de palme. De plus, certaines huiles subissent un processus d'hydrogénation pour favoriser leur conservation ; ce sont les acides gras trans (AGT) qu'il faut absolument éviter. Les acides gras trans sont pro-inflammatoire augmentent par ailleurs le taux de triglycéride et de cholestérol, et sont très préjudiciables à notre système cardiovasculaire.

Les bonnes graisses :
les acides gras insaturés riches en oméga-3

Il s'agit de l'huile de colza, de lin, de noix, de cameline, de chia, de courge, de sésame.

La reine des huiles, l'huile d'olive, contient peu d'oméga-3 mais des oméga-9 qui permettent d'éviter le cancer du sein et de la prostate et régulent la tension artérielle. Elle contient également des polyphénols.

Les poissons gras sont également riches en oméga-3

Attention aux métaux lourds, notamment le mercure, que contiennent les gros poissons comme le thon et le flétan. Mieux vaut manger les petits poissons : sardines, maquereaux, rougets.

Sels minéraux et oligoéléments

Les sels minéraux sont des macro-éléments alors que les oligoéléments sont des micro-éléments.

Parmi les sels minéraux, citons le sodium, le potassium, le magnésium, le calcium, le phosphore, le soufre, le chlore.

Les minéraux

Le calcium

Indispensable pour nos os, il semblerait également jouer un rôle dans le traitement de l'hypertension.

Les produits laitiers en sont fortement pourvus, mais ils ne sont pas toujours bien tolérés. Heureusement, ils ne sont pas les seuls à nous faire don de leur calcium ; en voici quelques-uns : les légumineuses, les oléagineuses, le soja, les noix, les amandes, les sardines avec leurs arêtes, les légumes verts, certains fruits (châtaigne, kiwi, cassis).

Les Japonais consomment beaucoup d'algues, car celles-ci sont non seulement riches en iode mais également en calcium.

Le magnésium

Il est essentiel au maintien de notre bonne santé. Son rôle est tout aussi important pour nous protéger de nombreuses infections, mais également pour notre système nerveux et musculaire, notamment au niveau cardiaque. Il participe également à réguler le métabolisme des lipides et des glucides.

Les aliments riches en magnésium sont le chocolat noir, les noix, les amandes, les pignons, les artichauts, flétan, aigle fin, thon.

Le potassium

Il participe avec le sodium à l'équilibre hydrique du corps, et permet d'éviter l'œdème et l'hypertension.

Il joue également un rôle très important dans la fonction électrique de la cellule permettant la contraction musculaire, notamment au niveau cardiaque. Son rôle est capital pour tous nos organes et surtout pour les reins et les surrénales.

On le trouve surtout dans les végétaux : laitue, brocoli, chou, concombre, tomate, épinard, la pelure de pomme de terre, l'avocat, les fèves, la banane, la pêche, l'orange, la pomme, l'abricot, le raisin, le vinaigre, les fruits secs, les amandes.

Le sodium

Il participe avec le potassium à l'équilibre hydrique du corps ; son excès favorise l'œdème et l'hypertension.

Indispensable au bon fonctionnement de notre organisme, il permet le transport des acides aminés et des minéraux à l'intérieur des cellules, régule l'équilibre acido-basique et favorise la digestion et l'assimilation. C'est lui qui permet la production d'acide chlorhydrique dans l'estomac.

Il faut faire la différence entre le bon et le moins bon sodium. Le bon se trouve dans les crustacés, les poissons, les algues, la volaille, le céleri, l'artichaut, la betterave et la carotte. Il y a également du bon sodium dans le petit-lait de chèvre. Par contre, il faut limiter la consommation de sel de cuisine qui favorise l'œdème et l'hypertension.

Le phosphore

Présent dans toutes les cellules, mais plus particulièrement dans les os et les dents, il favorise la croissance et l'énergie et joue un rôle favorable au niveau du système nerveux grâce aux vitamines B2, B3 et B6 qu'il active.

Il y a du phosphore dans les boissons gazeuses, les noix, la levure de bière, le germe de blé, les viandes, le poisson, les œufs.

Le soufre

Toutes nos cellules contiennent du soufre, plus particulièrement les cellules de la peau et des cheveux. C'est un élément purifiant intervenant au niveau du foie pour détoxiquer l'organisme. Il favorise également la souplesse ligamentaire et artérielle.

Aliments riches en soufre : ail, moutarde, œuf, radis, cresson, chou, asperge, oignon, bœuf, pois.

Oligoéléments

Les oligoéléments sont des particules minérales indispensables à la vie. Ce sont des biocatalyseurs indispensables à de subtiles réactions physico-chimiques. Elles permettent par exemple à certaines enzymes d'être fonctionnelles. Ce sont les fameuses coenzymes : zinc, manganèse, nickel, molybdène, sélénium, chrome.

Le chrome

Le chrome participe, avec la vitamine B3 et deux acides aminés, à la composition d'une molécule qui régule les fonctions pancréatiques et favorise le métabolisme des glucides.

On le trouve principalement dans les céréales complètes, le foie, les pois, la levure de bière, les champignons, le poivre noir, le thym, le maté, le fromage.

Le cuivre

Le cuivre joue un rôle non négligeable comme anti-infectieux et anti-inflammatoire. Il participe à la formation de l'hémoglobine avec le fer.

C'est également un excitant de la cellule nerveuse, son excès peut provoquer de la nervosité.

On trouve du cuivre principalement dans les céréales complètes, les lentilles, les fèves, les légumes verts, les huîtres, les abats, l'aubépine, les algues marines, les châtaignes, les abricots, les amandes, les prunes.

Le fer

Notre corps contient 3 à 4 grammes de fer, dont 70 % sont présents dans le sang.

Principal constituant de l'hémoglobine, il assure le transport de l'oxygène dans le sang et permet la respiration cellulaire et la production d'énergie.

Il rend également possible la synthèse de l'ADN et de nombreuses protéines.

Les meilleures sources de fer sont dans le foie, les œufs, les poissons, la volaille, le boudin, les crustacés, la betterave rouge, les lentilles, les flageolets.

La vitamine C permet une meilleure assimilation du fer de provenance végétale, à condition d'être prise en même temps.

Le fluor

Nécessaire à la synthèse du collagène, il renforce par là même les tendons et les ligaments, mais son excès peut les calcifier. Il s'oppose à la carie dentaire et la déminéralisation.

On le trouve dans le chou vert, les pissenlits, les épinards, les graines de tournesol germées, le poisson, les fruits de mer, les algues, la bière, le thé, la spiruline.

L'iode

L'iode est indispensable au bon fonctionnement de notre glande thyroïde.

Les meilleures sources d'iode se trouvent dans les oignons, l'ail et les produits de la mer : algues, fruits de mer, huîtres.

Le manganèse

Antiallergique, le manganèse est également l'ami du cœur. Il participe à la synthèse du cartilage, s'oppose à l'arthrose et joue de plus un rôle important dans le métabolisme des glucides et des lipides, tout en combattant la fatigue et la nervosité.

On le trouve dans le riz complet, le soja, les noix, les amandes, les noisettes, les huîtres, les légumineuses, les myrtilles, les framboises, les cassis, les betteraves rouges.

Le nickel

Comme le chrome, il favorise l'assimilation des glucides.

Il active la fonction des sucs digestifs et des vitamines A, B, C et P.

On le trouve dans les légumineuses et les céréales complètes, les épinards, les laitues, le persil, les fèves fraîches, le poisson, les fruits de mer.

Le sélénium

C'est un excellent antioxydant et aurait ainsi un rôle préventif sur les maladies cardiovasculaires et les cancers.

La noix est l'aliment le plus riche en sélénium : quatre noix par jour peuvent nous aider à échapper à une carence en sélénium.

On trouve du sélénium en plus petite quantité dans les huîtres, les poissons, et un peu dans la viande, les œufs et le riz complet.

Le silicium

Il s'oppose au vieillissement de l'organisme en favorisant l'élasticité du tissu conjonctif et du cartilage.

Il participe avec le calcium à la minéralisation osseuse.

On le trouve dans la prêle des champs, les céréales complètes, les légumineuses, l'ail, les oignons, les asperges, les radis et le chou-fleur.

Le zinc

C'est un oligoélément de la plus grande importance : il participe à la croissance, à la cicatrisation des plaies, au processus de défense immunitaire, il prévient de la dégénérescence maculaire et certains problèmes cardiovasculaires. Il semble qu'il favorise aussi la bonne humeur.

On trouve du zinc dans les huîtres, le germe de blé, le foie, le sésame, les graines de courge, la viande.

Vitamines

Vitamine A

Indispensable à la vision et à la croissance des os, elle favorise également les fonctions hépatiques et les défenses immunitaires.

Elle se trouve essentiellement dans les produits d'origine animale et particulièrement dans le foie, surtout celui de la morue.

Dans le règne végétal, c'est le bêtacarotène (une provitamine A) qui sera transformé en vitamine A. La carotte est riche en bêtacarotène, mais aussi les abricots, les mangues, le melon, la papaye, les fruits de la passion et le cerfeuil.

Vitamine B

- B1. La vitamine B1 est indispensable à notre système nerveux, son insuffisance rend dépressif. On la trouve dans les céréales complètes, le germe de blé, la levure de bière, les châtaignes, les haricots, les lentilles, les noix, les œufs, le porc, le foie, le poisson.
- B2. Elle permet l'assimilation des protéines et joue un rôle important sur la croissance et la vision.
- B3. Elle favorise l'oxygénation de nos cellules et la dilatation des vaisseaux capillaires. Son insuffisance peut provoquer des problèmes cardiovasculaires. On la trouve dans les céréales complètes, la levure de bière, les poissons, les viandes. Elle est également élaborée par les bactéries de nos intestins, si celui-ci y est propice.

- B4. Elle est indispensable à nos globules blancs. Sa carence est rare car elle est présente dans les céréales complètes et les viandes.
- B5. Vitamine de la peau, des ongles, des cheveux et du système nerveux.
- B6. Elle est très importante car elle participe à de nombreuses réactions biochimiques, notamment dans la fabrication de l'hémoglobine ; de plus, elle active la production des anticorps. On la trouve dans les céréales complètes, la levure de bière, le germe de blé, les légumineuses, le foie, le jambon, les poissons, le jaune d'œuf, le chou, les haricots, les bananes, la poire.
- B7. Elle participe à la synthèse de la lécithine qui émulsifie le cholestérol et augmente le niveau de phosphore dans l'organisme. On la trouve dans la levure de bière, le germe de blé, les céréales, le chou, le foie, la cervelle, le lait.
- B8. Elle contribue à la production d'énergie et joue un rôle important au niveau des ongles, de la peau et des cheveux. On la trouve dans le riz complet, le foie, le jaune d'œuf, les noix, le chou-fleur, les champignons.
- B9. C'est une vitamine de la plus haute importance sur la construction et le développement de nouvelles cellules. Elle diminue le risque cardiovasculaire en régulant le taux d'homocystéine. On la trouve dans la levure de bière, le foie, les haricots blancs, les lentilles, le persil, la mâche, le fromage de chèvre, le camembert, les noisettes, le sésame, la laitue, le chou.

- B12. C'est la vitamine antianémique car elle favorise la maturation et la production des globules rouges. Elle s'oppose à la fatigue et la nervosité. On la trouve essentiellement dans le règne animal : le foie, les rognons, la cervelle, les huîtres, le crabe, les sardines, la truite, le hareng, les crevettes, en faible quantité dans la levure de bière et les champignons, un peu dans la laitue qui contient du cobalt, principal constituant de cette vitamine également appelé cobalamine.
- B15. Elle participe à l'oxygénation cellulaire et s'oppose à l'accumulation de graisse dans le foie. On la trouve dans les amandes, les noix, les graines de sésame et de potiron germées ainsi que la levure de bière.

Vitamine C

Elle stimule nos défenses immunitaires et nos glandes endocrines. C'est également un antioxydant de premier plan et, par là même, nous protège des maladies cardiovasculaires et du cancer (dans certaines limites).

On la trouve dans les fruits (surtout les agrumes, les kiwis, l'acérola, les cerises, le cynorhodon), le poivron, le radis noir, les choux, le persil, le cresson, la ciboulette.

Vitamine D

Elle favorise l'absorption du calcium dans les os tout en s'opposant par ailleurs à la calcification des artères.

Notre corps synthétise la vitamine D3 grâce à l'action des rayons ultraviolets de la lumière solaire sur la peau. On la trouve dans les huiles de foie de poisson, le jaune d'œuf, le foie, le germe de blé et les bananes.

La vitamine D3 a une fonction essentielle dans les défenses immunitaires en équilibrant le système immunitaire. On sait aujourd'hui que la vitamine D3 joue un rôle important pour prévenir et améliorer le traitement des maladies auto-immunes.

Vitamine E

Son rôle majeur d'antioxydant protège la membrane de toutes les cellules, nous protégeant ainsi des problèmes cardiovasculaires.

On la trouve dans l'huile de germe de blé, de soja, de colza, les amandes, les noisettes, les noix, les graines de tournesol, l'avocat, le chou, le jaune d'œuf et le beurre.

Conclusion

Pour vivre et produire de l'énergie, nous avons besoin :

- de protéines pour le renouvellement de nos cellules ;
- de glucides pour produire de l'énergie ;
- de lipides, riches en oméga-3 et vitamines D et E, indispensables à la composition de la gaine des nerfs ;
- de toutes les vitamines, de tous les minéraux et oligoéléments ;
- ajouter à cela des fibres et des enzymes.

Pour un diététicien, la conclusion est simple : il convient donc d'avoir une alimentation équilibrée et variée.

Oui mais voilà Ce n'est finalement pas si simple car Pierre ne digère pas comme Paul, il ne dispose pas du même capital enzymatique et son écosystème intestinal est différent. Sa réaction face à la nourriture ne sera pas identique : Pierre digérera bien le même repas qui provoquera des gaz et des ballonnements à Paul, avec comme corollaire bien des problèmes.

Alors que faire si vous êtes dans le cas de Paul ? Il est impératif pour tout un chacun souhaitant profiter pleinement de son alimentation et sans en subir les inconvénients, de sélectionner les aliments que l'on peut digérer sans problème.

Comment faire ?

Tout d'abord faire un tour parmi les propositions alimentaires qui ont été présentées jusqu'alors, vous comprendrez mieux l'intérêt de ce que je vais vous suggérer.

Dans le dédale des régimes

Régime basses calories

La calorie est l'unité de mesure servant à évaluer la quantité de chaleur nécessaire pour élever la température d'un kilogramme d'eau à 15 °C ou 16 °C sous une pression atmosphérique normale.

En diététique, il suffit de calculer la ration calorique permise en additionnant les valeurs caloriques des aliments. En considérant qu'une personne sédentaire a seulement besoin de 2 600 calories, un individu ayant une activité normale 3 200 et un travailleur de force plus de 4 500.

Je n'ai pour ma part jamais eu besoin de réaliser ces calculs fastidieux et obligeants, j'ai choisi une façon plus instinctive de m'alimenter qui me réussit et que je vous communiquerai.

Régime Dukan

Le docteur Dukan propose un régime qui s'apparente aux régimes hypoglucidiques, donc essentiellement à base de protéines et de lipides. Les résultats sont rapides et encourageants, ce qui explique le succès de cette entreprise. On connaît la suite, les adeptes de ce régime sont déçus des kilos qu'ils reprennent dès qu'ils s'éloignent du régime.

- **Intérêt.** Amaigrissement rapide.
- **Inconvénient.** Beaucoup de désillusion et des kilos en plus.
- **Conclusion.** Je ne conseille pas les régimes déséquilibrés.

Régime hyperprotidique

La révolution diététique est le titre d'un livre qui connut un grand succès. L'auteur de cet ouvrage, le docteur Atkin, allait encore plus loin dans la limitation des glucides et proposait un régime composé essentiellement de protéines et de lipides. Les résultats sur la perte de poids ne se firent pas attendre et encourageaient les participants. Ce régime déséquilibré n'était pas sans inconvénients. Tout d'abord le manque de glycogène dans le foie, l'obligeant à produire des corps cétoniques anormaux qui se percevaient au niveau d'une haleine désagréable. Quelques années plus tard, les adeptes d'un tel régime abdiquent et reprennent davantage de poids qu'ils n'en ont perdu. De plus, ces régimes à très faible charge glycémique et à fort potentiel lipidique ne suppriment pas le processus inflammatoire, car il induit des troubles hormonaux compensatoires.

- **Avantage.** Perte de poids rapide.
- **Inconvénient.** Mode alimentaire déséquilibré qui induit des troubles hormonaux et un état de cétose puis, en cas d'abandon, une reprise des kilos perdus avec un risque de kilos supplémentaires.
- **Conclusion.** Déconseillé.

Régime Yin-Yang

Tous les biologistes s'accordent à dire que notre santé dépend en grande partie de notre équilibre acido-basique.

C'est à partir de ce concept que s'établit l'alimentation basée sur l'équilibre Yin-Yang. Cette théorie a été largement enseignée en France et aux États-Unis dans les années soixante à quatre-vingt par le Japonais Nyoti Sakurazawa, qui se faisait appeler George Oshawa et qui répandit un concept psychologico-culinaire extrême-oriental : la macrobiotique.

Celle-ci repose sur une consommation essentiellement composée de céréales, bien mâchées et absorbées dans le calme et la sérénité. Le but était de rétablir, soi-disant, l'équilibre Yin-Yang.

Les résultats rapides très positifs incitaient à continuer dans cette voie. Certains y trouvèrent leur équilibre, mais d'autres très dénutris par suite d'un respect strict des repas types sévères programmés par Oshawa y perdirent leur vie. En réalité, il s'agissait d'une monodiète qui n'aurait pas dû excéder 21 jours, après quoi il convenait d'ajouter progressivement des légumes, du poisson, des fruits.

D'autres spécialistes, tels que L.M. Galli et le docteur You-Wa Chen, proposent une alimentation adaptée au tempérament basé sur l'équilibre Yin-Yang. Cette approche est très intéressante mais sujette à réflexion et à caution. La difficulté réside dans l'exacte qualification Yin ou Yang des aliments compte tenu de leur provenance, de leur mode de culture et de leur cuisson.

- **À prendre en considération.** Une monodiète de 21 jours met au repos le système digestif et favorise la détoxication et la perte de kilos superflus.
- **Le côté négatif.** Difficile de déterminer avec précision pour certains aliments s'ils sont à dominance Yin ou Yang.
- **Conclusion.** Faire le tri et prendre en considération le côté positif du régime : supprimer le sucre, mâcher plus de 50 fois chaque bouchée, mangez dans le calme et la considération...

Régime végétarien

Des millions de personnes sur la planète sont végétariennes. Pour les Hindous, c'est une façon ancestrale de s'alimenter sans se poser de questions. Pour les Occidentaux, outre une raison morale – refus de tuer pour subsister –, on peut avoir des raisons scientifiques d'être végétarien.

1. Raison physiologique

L'homme n'a pas le même système digestif que le carnivore : le carnivore possède une denture particulière. Notre intestin est beaucoup plus long que celui du carnivore (7 à 8 m pour l'homme et 3 m pour le carnivore). Or la brièveté intestinale favorise l'expulsion rapide des déchets de la viande.

Chez l'homme, les viandes ont tout loisir de se putréfier dans une température adéquate de 40 °C et dans un milieu alcalin.

Le foie du carnivore est plus important, ce qui permet de mieux neutraliser les excès d'acides. Lorsque le foie de l'homme n'est plus capable d'exercer sa fonction de neutralisation des toxines, les reins vont avoir un excès de travail qui risque de les fatiguer dangereusement.

2. Raison biologique

La viande contient des substances toxiques : purines, ptomaïnes, cholestérol. L'organisme peut en tolérer une certaine quantité, mais au-delà c'est la porte ouverte à l'arthritisme.

Les ptomaïnes, substances alcaloïdes qui se développent au cours de la putréfaction dès la mort de l'animal, sont les plus toxiques.

Sans compter les nombreuses drogues que l'animal a reçues : antibiotiques, activateurs de croissance, traitements contre les épidémies, nourriture plus ou moins saine.

3. Raison écologique

Produire des animaux industriels nécessite beaucoup de céréales et d'eau et en contrepartie dégage des nuisances comme l'ammoniac, responsable des algues vertes, entre autres. Sans oublier la souffrance que subissent ces animaux.

En conclusion

La viande et ses sous-produits sont loin d'être une solution saine à notre alimentation : c'est pourquoi les végétariens la refusent.

Cependant le végétarisme n'est pas non plus sans inconvénients. Les protéines doivent être apportées par des céréales complètes et des légumineuses, des oléagineux (olives, amande, noix), des champignons. Les quantités de légumineuses doivent être modérées pour éviter les à-coups glycémiques et les flatulences.

La meilleure solution serait un régime lacto-végétarien dans lequel seraient inclus les œufs et les fromages.

- **À prendre en considération.** Ce mode d'alimentation peut convenir davantage à certaines personnes qu'à d'autres, c'est une question génétique, de flore intestinale, d'enzymes. Des athlètes de haut niveau étaient végétariens comme l'athlète olympique marathonien du 5000 mètres Émil Zátopek ou Carl Lewis, mais aussi de grands écrivains comme Léon Tolstoï ou des scientifiques comme Albert Einstein ou Charles Darwin. Le régime végétarien permet d'être plus énergétique et convaincant, mais pas forcément gentil : Hitler était un fanatique végétarien. Il y a moins de cancers chez les végétariens et un taux de cholestérol souvent satisfaisant, ce qui n'empêche pas les problèmes cardiovasculaires.

- **Difficulté.** Les Hindous agrémentent leur repas végétarien d'une variété de petits plats épicés à souhait suivant le concept de la médecine ayurvédique. En Occident, on a tendance à consommer trop de glucides, ce qui favorise l'inflammation silencieuse et les problèmes cardiovasculaires.
- **Conclusion.** Inspirons-nous des Hindous : peu de céréales, un peu de légumineuses et de nombreux légumes. Éventuellement des œufs et du fromage pour les protéines.

Régime acide-base

Pour le docteur Hervé Grosgogeat, la santé repose sur l'équilibre acide-base de notre milieu interstitiel, ce liquide dans lequel baignent nos cellules. Ce liquide doit être à un pH de 7,39 ; en dessous il est considéré comme étant acide, favorisant les rhumatismes et le diabète ; au-dessus il est trop basique et facilite la prolifération tumorale. Mon ami, le professeur Louis-Claude Vincent, nous avait largement exposé les détails de ces prédispositions, preuves à l'appui, dès 1960. Il avait conçu un appareillage qui pouvait mesurer in vivo les variations du pH sanguin, sa résistivité et son potentiel oxydo-réducteur. Il expliquait que l'état de santé idéal se situait avec un pH sanguin un peu acide, et par conséquent avec un pH du liquide interstitiel un peu alcalin.

Il ne faut pas confondre le pH sanguin, qui en réalité varie très peu, et le pH du liquide interstitiel qui peut davantage varier. Ces deux pH ont tendance à se balancer : si l'un s'alcalinise l'autre s'acidifie, et inversement.

Le docteur H. Grosgogeat a constaté que les états pathologiques de notre organisme étaient très souvent en rapport avec un déséquilibre de notre métabolisme, souvent occasionné par un excès d'acidité tissulaire. Il considère que notre alimentation joue un rôle prépondérant dans cet équilibre : pour l'atteindre, il propose une consommation de 70 % d'aliments alcalinisants et 30 % d'aliments acidifiants.

Il se base sur une mesure d'analyse des aliments laissant soit des résidus alcalins, soit des résidus acides, le PRAL, de l'anglais *pentential renal acid load*, signifiant « charge potentielle d'acide des aliments ». Autrement dit, plus le PRAL est élevé, plus l'aliment est acidifiant. C'est le cas pour les viandes, les poissons, les fromages, les laitages, les céréales et leurs sous-produits qui ont un PRAL supérieur à + 7 alors que les légumes et les fruits ont un PRAL inférieur à - 14 pour les épinards, - 5 pour le céleri et la carotte, avec un champion, le raisin sec, avec un PRAL de - 21. Partant du principe que notre alimentation doit être variée et équilibrée, il convient donc de manger davantage d'aliments alcalinisants qu'acidifiants, sans pour autant exclure ces derniers.

Le système tampon

Constamment et automatiquement, notre corps s'efforce de rétablir notre équilibre acido-basique, correspondant à un pH sanguin de 7,39. Le pH tissulaire, quant à lui, ne peut descendre en dessous de 7,36 et monter au-dessus de 7,42, notre vie en dépend. Pour réaliser ses constantes, il dispose de moyens de filtrage et d'élimination qui d'un côté rejettent les acides faibles par l'expiration du gaz carbonique, tandis que les autres acides non volatils sont filtrés et éliminés par les reins, aidés en cela par 2 millions de glandes sudoripares, réparties sur toute la surface cutanée.

Cependant, ce système a ses limites et doit être assisté par des réactions chimiques au sein même de notre organisme. Un apport trop important d'acide alimentaire sera neutralisé par des bases organiques. Les tissus osseux et autres font don momentanément de leurs réserves alcalines, qui devront être compensées par un apport alimentaire en minéraux. À défaut, le corps se déminéralise, d'autant plus s'il doit faire face à cette assistance fréquemment. Il convient donc de limiter cette aide précieuse si l'on souhaite conserver une bonne densité osseuse.

- **À prendre en considération.** Cette approche constitue une étude en profondeur, sérieuse et proche de ce que je préconise depuis plus de quarante ans, ainsi que des conclusions du docteur Gaston Bresson dans les années quatre-vingt et du naturopathe Christopher Vassey avant la fin du siècle dernier.
- **Le côté contraignant.** Il faut changer ses habitudes.
- **À retenir.** Tenir compte de l'indice PRAL et glycémique.

Il manque la charge glycémique et insulinémique ainsi que la gestion des problèmes intestinaux.

Régime Okinawa

Okinawa est une merveilleuse petite île japonaise où les habitants sont heureux et vivent très longtemps. Il y a peu de malades et le pourcentage de centenaires est un des plus importants au monde, trois fois plus qu'en France.

Malheureusement, la civilisation qui leur apporte un certain confort leur transmet aussi nos mauvaises habitudes alimentaires avec ses effets délétères. Pour ceux qui quittent leurs habitudes alimentaires ancestrales afin, soi-disant, de profiter des plaisirs d'un nouveau mode alimentaire que les jeunes trouvent plus attractif, les résultats négatifs ne se font pas attendre : ventripotence, obésité, diabète, cardiopathie, cancer, rhumatismes annoncent le début de leur dégénération.

L'alimentation des centenaires

Celle-ci est essentiellement élaborée à partir de légumes, légumineuses, poissons, fruits de mer, algues ; un peu de viande, un peu de céréales, beaucoup d'épices et de produits à base de soja.

Ils font trois repas par jour. Ceux-ci se composent de plusieurs petits plats variés appétissants mais peu caloriques (1 800 Kcal/j).

Ils mangent dans une ambiance agréable, calme, lentement, et mâchent consciencieusement, en pensant aux bienfaits que leur procure leur repas.

Ils quitteront la table le ventre léger, sans être totalement rassasiés. C'est une règle qu'ils respectent scrupuleusement, et c'est probablement le meilleur moyen de bien digérer, sans fatiguer outrancièrement leurs organes digestifs. Il est évident que cela contribue à leur bonne santé et leur longévité.

Au menu figurent des crudités ou une soupe miso avec poissons, algues, et légumes de saison. Un bol de riz complet cuit à la vapeur à chaque repas, quelquefois du sarrasin.

On trouve à Okinawa une grande variété de légumes bios sans pesticides, ni engrais. La viande y est plus rare et par conséquent moins consommée. Ils ne mangent pas de produits laitiers ni de pâtisseries. Ils ignorent les sucreries et les desserts.

Les œufs sont utilisés pour composer certaines soupes, mais peu consommés tels quels. Les arbres fruitiers sont rares sur l'île, par conséquent ils mangent peu de fruits. Ils utilisent essentiellement de l'huile de colza, les sauces de haricot et de soja fermentés : le natto et le miso. Ils consomment très peu d'alcool, boivent surtout de l'eau, du thé au jasmin et du thé vert.

- **À prendre en considération.** Leur intelligence et leur instinct les ont poussés à consommer ce qu'il leur convenait le mieux en puisant parmi les ressources disponibles sur leur île. Cette pratique leur réussit et ils sont heureux. Le bonheur est sur l'île. Souhaitons qu'il puisse durer.
- **Réflexion.** Nous ne sommes pas sur l'île d'Okinawa, il convient donc de prendre en considération les leçons de sagesse de ces peuples admirables en s'adaptant au mieux de nos possibilités et en complétant suivant le lieu où nous vivons.

- **Conclusion.** Nous avons beaucoup à prendre en considération de ces peuples respectueux du bien si précieux qu'est la santé.

Régime crétois

Ce régime est assez proche du régime Okinawa, mais adapté aux us et coutumes méditerranéennes et à ce que leur offre comme possibilités leur île.

En plus des légumes verts et des légumineuses, ils disposent davantage d'arbres fruitiers. Ils cultivent aussi des pois chiches et des lentilles.

Ils fabriquent du pain à partir de leurs blés et leurs orges, anciens, naturels et complets, et peuvent ainsi manger du pain à chaque repas sans problème. Ils le coupent en tranches qu'ils font sécher au four, puis l'enduisent d'huile d'olive, y frottent de l'ail et de la chair de tomate.

La nature crétoise est propice à l'élevage des chèvres et des brebis, leur permettant de fabriquer de délicieux fromages.

Ils disposent surtout d'un arbre mythique, l'olivier, qui s'y est fait une place de choix et leur offre en contre-partie de délicieuses olives et par là même la fameuse huile d'olive qui contribue largement à leur bonne santé cardiovasculaire.

Ajoutez à cela qu'il pousse sur l'île d'innombrables plantes et salades sauvages parfaitement comestibles et souveraines à la santé.

Les oignons, l'échalote et l'ail sont omniprésents dans leur nourriture. Ils consomment de délicieux fruits frais et secs, notamment des amandes et des raisins. Ils mangent peu de viande, une ou deux fois par semaine ; davantage de poissons, trois à quatre fois par semaine.

Les Crétois boivent un ou deux verres de bon vin rouge par repas, boivent beaucoup d'eau dans la journée et de temps en temps des jus de fruits.

Avec une telle alimentation, on comprend que le corps n'exprime pas de souffrance, puisqu'il trouve tout ce dont il a besoin sans se surcharger de produits toxiques.

- **À prendre en considération.** Quand la sagesse nous guide, la voie est tracée.
- **Réflexion.** Une alimentation saine, variée, riche en vitamines, fibres, oméga-3, oligoéléments, minéraux, polyphénols, enzymes, exempte de pesticides et d'engrais chimiques. Ajoutez à cela une grande activité physique. C'est le secret de leur bonne santé et de leur jeunesse.
- **Conclusion.** Un exemple à suivre et à méditer.

Régime Docteur Kousmine

Catherine Kousmine, née le 17 septembre 1904 à Khvalynsk, en Russie, et morte le 24 août 1992 à Lutry, en Suisse, est une médecin d'origine russe. Elle est l'une des fondatrices de la médecine orthomoléculaire. Toute sa vie, elle a œuvré pour montrer qu'il existe une dépendance étroite entre notre état de santé et notre alimentation. Elle s'est notamment intéressée aux maladies suivantes : le cancer, la sclérose en plaques, la polyarthrite chronique évolutive. Elle aurait constaté une corrélation frappante entre l'alimentation saine des souris et la rémission de leur cancer. Catherine Kousmine a pu ainsi se convaincre que la guérison de maladies parfois jugées incurables passerait par un retour à une nourriture saine qui apporte tous les éléments nutritifs nécessaires à l'organisme.

En 1949, elle aurait réussi à guérir son premier malade cancéreux atteint d'un réticulo-sarcome généralisé, et jugé incurable par la médecine, grâce à ses méthodes basées sur une alimentation saine.

Elle fut une des pionnières à démontrer l'importance des huiles riches en acide gras insaturé et poly-insaturé et des vitamines E et F. Elle cite également les vitamines P, c'est-à-dire les flavones, molécules de base des flavonoïdes (rutine, citrine, cyanidrine) qui préservent les parois des capillaires sanguins et s'opposent à leur rupture.

Elle conseilla au petit-déjeuner de remplacer le traditionnel café, pain beurre, confiture par la crème Budwig faite de fromage blanc battu avec une cuillerée d'huile de lin. Bien mélanger, y ajouter le jus d'un demi-citron, une banane bien mûre écrasée, auquel on ajoute 2 cuillères d'oléagineux (amande, noisette, noix) et 2 cuillerées de céréales crues, complètes, fraîchement moulues et des fruits de saison au choix.

- **Intérêt.** Le docteur Kousmine propose de rompre avec l'alimentation habituelle polluante et carencée. Elle propose une nourriture saine, riche en vitamines, minéraux, oligoéléments. C'est un bon début.
- **Inconvénient.** Les mélanges ne sont pas toujours compatibles et parfaitement digestes.

- **Conclusion.** Le grand mérite du docteur Kousmine est d'avoir démontré le rôle thérapeutique d'une alimentation saine, riche, organique.

Régime Docteur Seignalet

Clinicien, biologiste, maître de conférences, chercheur, le docteur Jean Seignalet s'est beaucoup intéressé à la nutrition.

Dans les années 1980, le docteur Seignalet, en rémission d'une grave maladie, prit conscience de l'intérêt nutritionnel. Son passé d'immunologue le conduisit alors à relier les maladies auto-immunes (telles que la polyarthrite rhumatoïde) à l'alimentation. Il se rendit compte que certains aliments étaient en rapport avec le déclenchement de certaines maladies auto-immunes et d'autres maladies contemporaines.

S'alimenter différemment peut changer la vie de bien des malades. Ses découvertes lui ont valu l'admiration de quelques-uns de ses pairs, la reconnaissance de quelques milliers de patients, mais aussi le mépris de la classe scientifique dans son ensemble.

Avant de s'intéresser à la nutrition, Seignalet était un scientifique « normal ». Il était immunologue et a travaillé notamment sur des questions de compatibilité de donneurs d'organes. Il multipliait les publications dans des revues à comité de lecture (considérées comme les plus sérieuses des revues scientifiques), il était unanimement considéré comme l'un des chercheurs les plus prometteurs de son époque.

Pour lui, c'est le passage anormal à travers l'intestin de certaines molécules alimentaires indésirables qui est la cause, ou plutôt le cofacteur, d'un grand nombre des maladies dites « de civilisation ».

Un cofacteur, en médecine, c'est un élément qui ne peut pas à lui seul causer une maladie, mais qui peut en revanche, s'il est additionné à d'autres facteurs, déclencher cette maladie. Par exemple, pour déclencher une polyarthrite rhumatoïde, il faut être prédisposé génétiquement à la polyarthrite, c'est-à-dire avoir l'anomalie génétique spécifique qui permet à la maladie de se déclencher. Mais cette prédisposition génétique ne peut pas à elle seule causer une polyarthrite. Il faut qu'un autre facteur soit présent, un facteur environnemental, par exemple. Et l'environnement, au sens large, comprend l'alimentation.

Seignalet en déduisit que l'alimentation peut souvent être ce cofacteur déclencheur de nombreuses maladies. Il entreprit alors un gigantesque travail de recherche.

Il a constaté l'effet délétère d'une alimentation mal digérée qui favorise la dégradation de la flore intestinale et peut conduire à l'hyperperméabilité intestinale impliquant le passage de macromolécules étrangères responsables de certaines pathologies.

Seignalet conseille alors à ses patients d'adopter une alimentation de type ancestrale, c'est-à-dire *inspirée* de l'alimentation des chasseurs-cueilleurs du paléolithique. Ce qui revient à peu près à supprimer un certain nombre d'aliments « modernes » : les céréales mutées (à peu près toutes les céréales habituellement consommées, sauf le riz) ; les produits laitiers ; les aliments cuits à haute température (plus de 110 °C). Le docteur Seignalet était partisan d'une alimentation crue afin d'éviter la dénaturation des aliments et de conserver intacte leurs vitamines et minéraux. Il se rapprochait de l'alimentation paléolithique. Il prenait aussi en considération les études faites par les paléontologues sur les ossements de cette époque, exempts de décalcification, d'ostéoporose et de carie au niveau dentaire, ce qui n'était plus le cas à partir du Néolithique.

Les travaux du docteur Seignalet sont remarquables à plus d'un titre. De nombreux malades ont pu en profiter et lui sont reconnaissants. Il a été le point de départ d'une nouvelle façon de penser sur l'impact alimentaire et notre santé.

- **Considération.** Des travaux dignes du plus grand intérêt.
- **Inconvénient.** Ce n'est pas toujours facile de manger cru, surtout l'hiver.
- **Conclusion.** Les bons conseils du docteur Seignalet sont à prendre en considération.

Régime paléolithique

Le biologiste, ancien marathonien Mark Sisson, anime l'un des blogs santé les plus regardés aux États-Unis. Son livre *Le modèle paléo* est un best-seller. Après avoir essayé plusieurs régimes sans résultats satisfaisants, il est retourné aux sources de l'alimentation humaine en se reportant aux informations fournies par les biologistes spécialistes de l'évolution les plus réputés, les paléontologues, les généticiens, les anthropologues, les médecins, les nutritionnistes, les physiologistes du sport.

Afin de mieux appréhender ce concept alimentaire, remontons au début, il y a 7 millions d'années. L'hominidé se différencie du singe. Quelques millions d'années plus tard il, s'érige et devient *Homo erectus*, se nourrit essentiellement de la chasse et de cueillette, menant une vie rude et quelquefois hostile. Il fallait être fort et résistant. Les anthropologues pensent que l'homme d'il y a environ 10 000 ans était beaucoup plus fort, plus résistant et peut-être même plus intelligent, compte tenu de la taille de son cerveau à cette époque. Depuis, le déclin semble s'opérer lentement et progressivement. C'est à ce moment que l'homme commence à changer d'alimentation et à se sédentariser. De chasseur-cueilleur nomade, il devient agriculteur, éleveur, stockeur de nourriture. Pour de nombreux anthropologues, nos gènes seraient presque identiques à nos très lointains prédécesseurs d'il y a plus de 10 000 ans.

En considération de cela, Mark Sisson estime que les gènes de nos cellules digestives sont plus adaptés à une nourriture qui leur a été familière pendant plusieurs millions d'années Selon lui, si la résistance de l'homme se dégrade par rapport à ce qu'il devait affronter comme difficultés d'existence pendant ces millions d'années, ce serait d'avoir changé radicalement la façon de se nourrir. Pour Mark Sisson, notre système digestif et nos gènes n'ont pas eu le temps de s'adapter à la structure peu familière des céréales et des légumineuses, et encore moins aux aliments transformés industriellement. S'ajoutent à cela le sédentarisme et, par là même, un ralentissement de l'activité physique. L'apport trop important de glucides, nécessitant un taux excessif de production insulinique, serait en partie responsable de la plupart de nos maux : diabète, obésité, maladies cardiovasculaires, rhumatismes, allergies, maladies auto-immunes dégénérescence, etc.

Le régime paléo propose de revenir à l'alimentation de l'homme chasseur, cueilleur, c'est-à-dire de manger de la viande, du poisson, des œufs, des légumes, des fruits, des baies, des herbes, des tubercules, des épices, des noix des graines, d'éviter les céréales et les légumineuses et bien entendu leurs sous-produits à base de farine et de semoule, ce qui constitue la majorité de l'alimentation actuelle.

- **Avantage.** Une fois de plus, l'accent est mis sur l'effet délétère des mauvais glucides et de l'excès d'insuline qui en résulte.
- **Inconvénient.** Pas facile d'échapper aux aliments à base de céréale. Quant aux viandes et aux poissons ils sont souvent contaminés par des poisons chimiques, il convient d'être prudent dans leur choix et leur quantité.
- **Conclusion.** Approche intéressante, à suivre avec précautions.

Que donne-t-elle à long terme ?

Régime anti-inflammatoire

Le docteur Barry Sears se savait programmé génétiquement à succomber d'une maladie cardiovasculaire dans les proches années à venir. Son père, ses oncles y avait succombé à 45 ans.

Après avoir subi un premier incident cardiaque, il se consacra à rechercher les meilleurs moyens d'éviter le pire. Il fit tout d'abord une thèse prouvant qu'une injection de phospholipide pouvait dégager les artères bloquées et pouvait éviter ainsi une attaque cardiaque. Cette découverte n'a pas pu être exploitée par les laboratoires, car il s'agit d'une substance naturelle qui ne peut être brevetée.

C'est en 1982 que l'attribution du prix Nobel de médecine et de physiologie à Sune Bergstrom et Bengt Samuelson ainsi que John Vane attira toute son attention. Les travaux de ces savants expliquaient que les bienfaits de l'aspirine résultaient de son action sur les eicosanoïdes, des hormones particulières qui contrôle toutes les fonctions du corps humain. De grandes compagnies pharmaceutiques ont dépensé en vain des milliards de dollars.

Le docteur Barry Sears fit ses recherches à partir de l'alimentation et aboutit à un mode alimentaire qui assure le bon équilibre des eicosanoïdes. Il en profita lui-même et réussit ainsi à sauver sa vie puis l'expérimenta sur des athlètes de haut niveau avec grand succès, ce qui l'encouragea à transmettre sa méthode à travers un livre Enter the zone, vendu à plus d'un million d'exemplaires. Ce succès l'encourage en 2005 à écrire un deuxième livre intitulé *Le régime anti-inflammatoire*.

Le docteur Barry Sears considère que la majeure partie de nos problèmes pathologiques est due à une inflammation silencieuse occasionnée par certains eicosanoïdes pro-inflammatoires parmi les prostaglandines et les leucotriènes.

Pour y palier, il propose d'augmenter l'apport en bons eicosanoïdes, les oméga-3 à longue chaîne. Mais également et surtout en régulant notre production d'insuline par une réduction d'apport glucidique, en supprimant ceux à index glycémique élevé, et surtout ceux à charge glycémique importante, davantage encore ceux à index insulinique élevé, car ces aliments non seulement font grossir mais ils augmentent avant tout la production d'eicosanoïdes pro-inflammatoires.

Je considère que les études et constations réalisées par le docteur Barry Sears sont dignes d'intérêt. J'en ai tiré profit, j'étais sur la bonne voie, il me restait à l'adapter.

- **Intérêt du régime.** Équilibré, donne de bons résultats.
- **Inconvénient.** Limité à l'action de l'insuline sur les eicosanoïdes en omettant l'effet de la flore intestinale et de la porosité des parois intestinales, principale cause de l'inflammation. Il faut éviter les viandes et poissons contaminés par les produits chimiques, ce qui limite leur consommation.
- **Conclusion.** À prendre en considération, mais à compléter.

Régime hormone

Développé par le docteur Thierry Hertoghe et la journaliste MargheritaEnrico, il propose d'adapter notre nourriture à notre profil hormonal. Celui-ci est déterminé par une série de tests qui précisent nos insuffisances hormonales. Cette approche me paraît intéressante et se rapproche de mes convictions.

- **À prendre en considération.** Une étude intéressante.
- **Le côté négatif.** Il n'est pas toujours facile de déterminer soi-même son profil hormonal.
- **Conclusion.** À suivre.

Régime chrononutrition

Mis au point par le docteur Alain Delabosse et validé par le professeur Rapin en 1994, l'idée originale est d'apporter au corps ce dont il a besoin au moment où il en a le plus besoin.

Pour cela, le corps est hormonalement programmé. Par exemple, nous élaborons le matin suffisamment de cortisol, d'insuline et de lipase, qui réclament un déjeuner copieux riche en graisses et protéines. À midi, moins de graisses, plus de protéines, à 16 heures des fruits, et un repas du soir très léger à base de poisson et de légumes.

En réalité, ce régime confirme ce que les naturopathes hygiénistes que nous sommes suggérons à nos patients depuis près d'un siècle : un petit-déjeuner copieux, un repas du midi suffisant, des fruits dans l'après-midi et une légère collation le soir.

La nouveauté, c'est que le docteur Labosse insiste sur l'intérêt d'inclure dans son petit-déjeuner des aliments gras, en particulier des fromages gras. À cette période de la journée, les gras saturés vont créer un effet réductase du cholestérol, à condition de ne pas consommer en même temps des compléments antioxydants, des sucres lents ou des fruits qui bloqueraient le processus.

- **À prendre en considération.** En naturopathie, nous avons toujours conseillé de faire un copieux petit-déjeuner et un bon repas à midi, de prendre des fruits à 16 heures et une légère collation le soir.
- **Le côté négatif.** Pas facile de manger du fromage gras le matin et d'éviter un aliment antioxydant qui s'opposerait à l'effet réductase souhaité.
- **Conclusion.** À suivre.

Le jeûne

C'est un bon moyen de nettoyer son corps et son esprit.

Ce mode de désintoxication est adopté par les hygiénistes. Il permet l'élimination naturelle des toxines accumulées dans l'organisme.

Les animaux sauvages jeûnent spontanément : l'animal malade refuse la nourriture.

Si vous êtes fatigué, obèse, le jeûne vous permettra de mettre au repos vos organes vitaux. Habituellement, le corps n'utilise qu'une petite partie de ce que nous mangeons : l'encrassement de nos humeurs, nos organes fatigués et dévitalisés contribuent à entraver l'assimilation. Souvent, on reprend des forces en s'abstenant de nourriture. Des maladies graves ont été soignées efficacement par le jeûne. Ce ne sont pas les malades ayant bénéficié de cette thérapie qui me contrediront. Cependant le jeûne ne peut pas être pratiqué n'importe comment.

Ce qu'apporte le jeûne :

- mise au repos de tous nos organes ;
- nettoyage, purification, détoxication, revitalisation de l'organisme en entier ;
- amélioration profonde de notre état nerveux et bio-électronique ;
- rajeunissement (il arrête la floculation des colloïdes ; l'état colloïdal détermine la vie cellulaire, or la floculation contrarie la vie cellulaire et prédispose à la maladie).

Pratique du jeûne

1. La monodiète (jeûne déguisé)
2. Le jeûne court (1 à 5 jours)
3. Le jeûne long (jusqu'à 21 jours, sous contrôle médical)

1. La monodiète

Facilement réalisable par tous, elle consiste à ne prendre qu'une sorte d'aliment par jour. Exemple :

- le premier jour des pommes ;
- le deuxième jour des carottes ;
- le troisième du riz basmati.

On peut consommer les pommes et les carottes sous toutes les formes : crues, en jus, en purée, natures, mais les plus biologiques possible, c'est-à-dire n'ayant pas subi des traitements chimiques.

Le riz pourra être agrémenté de persil, d'épice, d'huile bio, et devra être bien mâché, réduit en bouillie.

Buvez entre les repas de l'eau ou des tisanes sans sucre.

La monodiète sera d'autant plus efficace si vous la réalisez pendant la Nouvelle Lune : le premier jour avant la Nouvelle Lune, le deuxième pendant celle-ci, et le troisième le jour suivant. Vous pouvez aussi faire une monodiète le jour de la Pleine Lune.

2. Le jeûne court

Je connais de nombreuses personnes qui jeûnent un jour par semaine et s'en portent bien.

Passé les premiers jours, la sensation de faim disparaît ; mieux, les sensations s'affinent, la joie de vivre sainement s'installe, l'esprit se libère, des possibilités intellectuelles insoupçonnées apparaissent.

Il faut pouvoir vivre au calme en dehors de toute pollution.

Il est recommandé de boire de la bonne eau, additionnée ou non de jus de citron, ainsi que des tisanes variées : thym, romarin, sauge, sarriette, frêne.

3. Le jeûne long

Il ne peut être réalisé que sous le contrôle d'un spécialiste, dans une ambiance appropriée où règne le calme, la joie de vivre et la confiance, loin des nuisances citadines.

Remarques sur le jeûne

Il peut se produire, au début, une crise de désintoxication qui se traduit par une langue chargée, des éruptions cutanées, de la fièvre ; c'est la preuve que le nettoyage s'opère. Après deux ou trois jours, le calme revient et l'on se sent tout neuf.

Il faut vérifier la tension et il est préférable de s'adresser à un spécialiste. Les purges, lavements, sudations, oxygénation, fangothérapie, massages, yoga sont de précieux adjuvants.

Il est souhaitable de se préparer au jeûne par la suppression, quelques jours avant, des produits animaux et de l'alcool. Il est indispensable de ne reprendre une alimentation solide que progressivement. Elle doit, de toute évidence, être saine et conforme à l'hygiène.

Conseil pour terminer le jeûne

Reprise de l'alimentation :

- les deux premiers jours : légumes verts cuits à l'étouffée, bien mâchés ;
- le troisième jour :
  - matin : jus de fruits ou légumes ;
  - midi : fruits cuits ou crus ;
  - soir : légumes cuits à l'étouffée avec noix, noisettes, amandes, pistaches, châtaignes, au choix. Vous pourrez ensuite ajouter la viande, le poisson, les œufs, le riz ou le quinoa avec des légumes verts cuits à la vapeur, à l'étouffée ou crus.

Conclusion

Après cinquante années de recherche parmi tous ces régimes, j'ai fini par déterminer un mode alimentaire plus conforme à notre physiologie digestive actuelle, correspondant à nos besoins et permettant de retrouver un ventre plat et une excellente santé.

Le semi jeune consiste à jeuner une fois par semaine pendant 18 h par exemple en supprimant le petit-déjeuner, c'est-à-dire ne rien manger entre 19 h et le lendemain 13 h. Ce mini jeune favorise la régénération progressive du système digestif et, notamment, du foie et du pancréas.

Le régime idéal : équilibré et adapté

Cuisson des aliments

Attention à la cuisson et à l'exposition à la lumière

Il faut éviter les cuissons violentes des aliments et l'exposition prolongée à la lumière. Les légumes et les fruits épluchés ainsi que leur jus devront être préservés de la lumière ainsi que les matières grasses, surtout le beurre, la crème, l'huile. C'est ainsi que l'huile d'olive, au contact prolongé de la lumière, voit ses merveilleuses propriétés disparaître pour laisser la place à une huile insidieusement dangereuse.

Quelle cuisson adopter ?

Il faut protéger les enzymes, les vitamines et les minéraux et éviter l'apparition de substances capables de produire de l'inflammation : les AGE (*advanced glycation endproducts*), sorte de caramélisation des protéines qui deviennent des protéines glyquées que les cellules ne pourront alors pas éliminer et par là même favoriseront le vieillissement accéléré.

La cuisson rend les aliments plus faciles à mastiquer et plus simples à digérer, et permet la réalisation de mets agréables à déguster.

En contrepartie, une cuisson à température au-dessus de 60 °C détruit les enzymes. Au-delà de 100 °C pendant plus d'une demi-heure, la cuisson détruit la plupart des vitamines. Il convient donc de cuire à basse température : soit à la vapeur, à l'étouffée, au wok, en papillote ou au four à basse température. Pour ma part, j'ai adopté « l'omnicuiseur » qui me donne toute satisfaction, tant gustative que digestive. Je fais également grand usage d'épices et d'aromates : thym, laurier, gingembre, curry, fenouil, basilic, cumin, carvi, romarin, marjolaine, etc.

Choix des aliments

Il est également conseillé d'éviter de s'empoisonner avec des pesticides et autres produits chimiques, et par conséquent de privilégier les aliments biologiques et mieux encore, biodynamiques. Ils sont bien meilleurs au goût et nous apportent les nutriments dont nous avons besoin.

Enfin, je fais la part belle aux crudités et surtout à la salade verte, qui en plus de leurs vitamines et minéraux, apportent de la chlorophylle qui aide le corps a se détoxiner.

Le régime idéal

Il s'agit d'un mode alimentaire sans carences et parfaitement adapté à vos possibilités digestives enzymatiques.

Il est impératif pour tout un chacun qui désire profiter pleinement de son alimentation sans en subir les inconvénients, de sélectionner les aliments que l'on peut digérer sans problème.

Comment faire ?

Éliminez au fur et à mesure les aliments que vous suspectez être générateurs de gaz. Commencez par éviter certains aliments souvent incriminés : oignon, ciboulette, tofu, soja, puis passez une journée sans manger de produit à base de blé : pain, viennoiserie, semoule, boulgour, pâte, pizza. Que constatez-vous ?

Si vous n'avez pas eu les gaz et les ballonnements habituels, il est possible que vous fassiez une intolérance au gluten, ce qui est le cas de plus de 10 millions de Français.

Si vous avez quand même eu des ballonnements, alors tout en continuant d'exclure tout aliment à base de blé, éliminez de votre assiette tous les produits laitiers et constatez les changements induits. Si tout se passe bien, alors continuez à exclure ces deux produits, puis essayez de manger un peu de pain ou de semoule et observez les résultats.

Vous saurez ainsi si ces troubles sont provoqués seulement par les produits laitiers, ou par les aliments à base de blé, ce qui est très souvent le cas.

Il vous reste alors à changer vos habitudes alimentaires, comme le font déjà des milliers de personnes pour leur plus grande satisfaction : moins de fatigue, plus de souplesse.

Voici les céréales ou autres qui peuvent remplacer le blé et qui ne contiennent pas de gluten : sarrasin, millet, quinoa, riz, châtaignes, maïs, manioc, amarante, sésame, tapioca.

Vous pouvez faire de délicieuses crêpes au sarrasin, ou à la farine de châtaigne, des croquettes de maïs ou de sésame, un soufflé de millet, du couscous avec de la semoule de quinoa, un cake avec de la farine d'amarante, un clafoutis avec du tapioca. Vous trouverez en magasin bio des farines de quinoa, de châtaigne, d'amarante, de maïs, de sarrasin, de riz.

Menus types pour chaque saison

Voici une série de menus types pour chaque saison. Ce mode d'alimentation est régi par cinq critères.

1. Évitez les aliments incompatibles, générateurs de troubles digestifs, gaz, ballonnement, constipation, encrassement. Choisissez les aliments en rapport avec vos possibilités digestives enzymatiques suivant la méthode proposée dans cet ouvrage.
2. Ne dépassez pas la charge glycémique de 80.
3. Élaborez un menu varié et équilibré apportant l'essentiel des besoins.
4. Privilégiez une présentation agréable qui favorise la digestion.
5. Pensez à la facilité de réalisation.

Ce challenge ne doit pas être contraignant, bien au contraire. Il s'agit simplement d'une question d'acceptation et d'organisation.

Il suffit de commencer, les premiers résultats ne se feront pas attendre et vous encourageront. Vous perdrez du poids et du tour de taille très rapidement, et il est fort possible que votre moral et votre forme soient au beau fixe.

Généralités valables pour toutes les saisons

Menu type

Ce menu est présenté simplement à titre d'exemple, c'est à vous de déterminer la quantité en fonction de votre âge et de vos activités. Mais en règle générale, évitez de sortir de table rassasié, le ventre plein. S'il subsiste encore une petite faim, ne succombez pas, évitez les desserts ou le fromage de fin de repas, ce sont eux qui vous engraisseront. En prenant soin de bien mâcher, vous mangerez moins et vous maigrirez plus vite.

Respectez la règle d'or : **ne jamais grignoter entre les repas.**

Déjeuner

Il se compose éventuellement d'une entrée, d'une viande avec légumes et salade, ou d'une céréale, d'une légumineuse avec légumes.

Déterminez la quantité en fonction de vos besoins et de vos possibilités digestives. Prenez votre temps, mâchez bien et évitez d'être repus : en mangeant moins, vous digérerez plus vite et votre estomac se rétrécira, votre ventre aussi.

Évitez desserts, fromages et fruits.

3 à 4 heures plus tard, l'estomac vide, mangez des fruits, seuls, ils seront vite digérés.

Dîner

Pendant la nuit, le corps en profite pour se détoxiquer et se régénère, c'est principalement le rôle du foie qui est en magnitude énergétique pour son rôle de détoxication et de production biliaire de 23 h à 1 h, puis de régénération métabolique de 1 h à 3 h du matin. Ce qui explique les fréquents réveils nocturnes à ces heures-là, surtout si le foie est surchargé de travail. Il n'est donc pas raisonnable de consommer des mets gras, de l'alcool, du café le soir si vous voulez bien dormir et ne pas prendre des kilos superflus.

Pour avoir un ventre plat, contentez-vous d'un dîner léger : une soupe, ou un poisson avec une salade composée, ou simplement des fruits. Si vous n'aimez pas le poisson, remplacez-le par une viande blanche maigre, ou une céréale, ou des pâtes sans gluten, ou encore une salade composée suivant la saison et vos goûts, avec carottes, céleri, concombre, olives, tomates, anchois, œuf dur, poivrons, betterave rouge, chou.

PRINTEMPS

Petit-déjeuner valable au printemps pour chaque jour

Boire un verre d'eau tiède à jeun avec éventuellement un peu de jus de citron si vous le souhaitez.

Ensuite vous pouvez si vous en avez envie boire un jus de fruits frais pressé.

Puis, au choix :

1. mangez quelques fruits pas trop acides ;
2. ou jambon-melon ;

3. ou œuf coque ou plat, concombre, olives, sauce à l'huile d'olive ou de colza avec un peu de vinaigre balsamique ;
4. fromage de chèvre, olives, salade verte ;
5. crêpes au fromage de brebis ;
6. AlcaMatin (flocons de millet et sarrasin, vendus en magasin de produits naturels) : délayer 3 cuillères à soupe avec un verre d'eau bouillante, remuez et laissez reposer 5 minutes ; ajouter une banane ou de la compote de pomme.
7. *Petit-déjeuner complet idéal :* consiste à broyer au mixeur des amandes, des noisettes, des noix de Grenoble, de cajou, du Brésil, de macadamia, de pécan (au choix) avec des graines de sésame, de lin, de tournesol, de courge, de pavot. Versez de l'eau bouillante sur cette préparation. Mélangez. Ajoutez un ½ yaourt de soja, de chèvre ou de brebis, des raisins secs ou des canneberges trempés la veille. Ajoutez selon votre préférence une banane, une pomme ou une poire.

Ne craignez surtout pas que ce petit-déjeuner vous fasse grossir, bien au contraire. Il vous apportera tous les nutriments dont vous avez besoin (vitamines, minéraux, oligoéléments, enzymes, protéines, bons lipides, etc.).

Les quantités et le choix des aliments cités dépendent de votre âge, de vos besoins et de vos goûts.

Privilégiez les saveurs amères et salées et modérément les saveurs piquantes. Évitez les saveurs acides et les saveurs sucrées

+ + Conseillé + +

LES ALIMENTS À SAVEUR AMÈRE	Ils sont conseillés au printemps. De plus, ils sont tonicardiaques. Dents-de-lion (pissenlits), endives, artichaut, salade frisée, asperge, chicorée, chou-rave, orange amère, café, chocolat noir, gentiane, quinquina, canard, agneau, mouton.
LES ALIMENTS À SAVEUR SALÉE	Ils sont très conseillés au printemps car le sel neutralise l'acide, mais à éviter si vous êtes sujet aux maux de tête. Eau de Vichy, algues, soja, haricots azukis, châtaignes, lentilles, crevettes, fruits de mer, moules, huîtres, morue salée, porc, charcuterie, jambon, noix de cajou.
MODÉRÉMENT, LES ALIMENTS À SAVEUR PIQUANTE	Ils favorisent la montée de l'énergie, sont tolérés mais déconseillés si vous transpirez beaucoup et le soir si vous faites de l'insomnie et si vous avez de la tension dans les épaules. Poivre, moutarde, curry, piment, clou de girofle, alcool, gingembre, radis noir, poireau, navet, radis, ail, oignon cru, menthe, millet, lapin, cheval.

– – À éviter – –

LES ALIMENTS À SAVEUR ACIDE	Vin, vinaigre, citron, tomate, pain de seigle, pain complet, poulet, pintade, œuf.
LES ALIMENTS À SAVEUR SUCRÉE	Lait, fromage blanc, maïs, blé, bœuf, poulet, calamar, pâtisseries, glaces.

Menu type pour une semaine au printemps

Petit-déjeuner valable au printemps pour chaque jour : voir page 124.

Lundi

DÉJEUNER	16 HEURES	DÎNER
Salade de pissenlit Côtelette d'agneau	Fruits de saison	Poisson, légumes Salade

Mardi

DÉJEUNER	16 HEURES	DÎNER
Artichaut Ragoût de mouton	Fruits de saison	Asperges, côte de porc Purée de châtaignes

Mercredi

DÉJEUNER	16 HEURES	DÎNER
Huîtres, maquereau Salade mêlée	Fruits de saison	Poisson, légumes Salade

Jeudi

DÉJEUNER	16 HEURES	DÎNER
Salade frisée Rôti de porc, haricots verts	Fruits de saison	Quinoa, légumes

Vendredi

DÉJEUNER	16 HEURES	DÎNER
Fruits de mer, papillotes de poisson aux légumes	Fruits de saison	Poisson, salade

Samedi

DÉJEUNER	16 HEURES	DÎNER
Lapin, épinard	Fruits de saison	Poisson, légumes, salade

Dimanche

DÉJEUNER	16 HEURES	DÎNER
Canard aux olives, brocolis	Fruits de saison	Crevettes, quinoa au curry

ÉTÉ

Petit-déjeuner valable en été pour chaque jour

Boire un verre d'eau tiède à jeun avec éventuellement un peu de jus de citron.

Ensuite, vous pouvez si vous en avez envie boire un jus de fruits frais pressé.

Puis choisir parmi ces cinq propositions :

1. mangez quelques fruits, avec un yaourt de soja, ou du fromage de brebis ;
2. ou jambon cru et melon ;
3. ou un œuf à la coque ou sur le plat, tomate, concombre, olives, sauce vinaigrette à l'huile d'olive ou de colza ;
4. flocon d'avoine mélangé avec un yaourt de soja accompagné d'une banane ou de fraises ;
5. AlcaMatin (flocons de millet et sarrasin, vendus en magasin de produits naturels) : délayer 3 cuillères à soupe avec un verre d'eau bouillante, remuez et laissez reposer 5 minutes ; ajouter une banane ou de la compote de pomme.

6. *Petit-déjeuner complet idéal :* consiste à broyer au mixeur des amandes, des noisettes, des noix de Grenoble, de cajou, du Brésil, de macadamia, de pécan (au choix) avec des graines de sésame, de lin, de tournesol, de courge, de pavot. Versez de l'eau bouillante sur cette préparation. Mélangez. Ajoutez un ½ yaourt de soja, de chèvre ou de brebis, des raisins secs ou des canneberges trempés la veille. Ajoutez selon votre préférence une banane, une pomme ou une poire.

Ne craignez surtout pas que ce petit-déjeuner vous fasse grossir, bien au contraire. Il vous apportera tous les nutriments dont vous avez besoin (vitamines, minéraux, oligoéléments, enzymes, protéines, bons lipides, etc.).

Les quantités et le choix des aliments cités dépendent de votre âge, de vos besoins et de vos goûts.

En été, privilégiez les aliments de saveur acide, piquante (et les saveurs douces/sucrées en petite quantité).

Il faut éviter les aliments de saveur amère et salée.

+ + Conseillé + +

LES ALIMENTS À SAVEUR ACIDE	Vinaigre, citron, orange, vin, tomate, oseille, lait fermenté, kéfir, cassis, fraise, prune, sésame, poulet, œuf, pintade, tomate, pain complet, pain de seigle.

LES ALIMENTS À SAVEUR PIQUANTE	Ils favorisent la montée de l'énergie, sont bien tolérés en été mais déconseillés si vous transpirez beaucoup et le soir si vous faites de l'insomnie. Poivre, moutarde, curry, piment, ail, clou de girofle, alcool, gingembre, radis noir, poireau, navet, radis, ail, oignon cru, menthe, millet, lapin, cheval, avoine.

– – À éviter – –

LES ALIMENTS À SAVEUR AMÈRE	Ils sont conseillés au printemps, mais pas en été. Dents-de-lion (pissenlits), endives, artichaut, salade frisée, asperge, chicorée, chou-rave, orange amère, café, chocolat noir, gentiane, quinquina, canard, mouton, agneau, oie, fromage de chèvre, de brebis, bière, thé.
LES ALIMENTS À SAVEUR SALÉE	Eau de Vichy, algues, soja, haricots azukis, châtaignes, lentilles, crevettes, fruits de mer, moules, huîtres, morue salée, porc, charcuterie, jambon, noix de cajou.

Menu type pour une semaine en été
Petit-déjeuner valable en été
pour chaque jour : voir page 129.

Lundi

DÉJEUNER	16 HEURES	DÎNER
Salade de concombres Poulet, haricots verts	Cerises ou fraises	Maquereau Salade variée

Mardi

DÉJEUNER	16 HEURES	DÎNER
Salade de carottes Lapin, pâtes sans gluten	Cerises ou fraises	Salade niçoise Pain sans gluten ou pain aux fleurs

Mercredi

DÉJEUNER	16 HEURES	DÎNER
Poisson Fenouil ou ratatouille	Fruits de saison	Melon Jambon

Jeudi

DÉJEUNER	16 HEURES	DÎNER
Crêpes sarrasin au fromage Salade verte	Fruits de saison	Sardines Salade de concombres

Vendredi

DÉJEUNER	16 HEURES	DÎNER
Poireaux vinaigrette ou radis Poisson, aïoli	Fruits de saison	Gaspacho Œufs

Samedi

DÉJEUNER	16 HEURES	DÎNER
Ratatouille Riz basmati	Fruits de saison	Gaspacho Œufs

Dimanche

DÉJEUNER	16 HEURES	DÎNER
Pintade, haricots verts Salade verte	Fruits de saison	Melon Jambon

FIN D'ÉTÉ

Petit-déjeuner valable en fin d'été pour chaque jour

À choisir parmi les six différentes propositions valables pour l'été (page 71) en évitant impérativement ce qui est sucré.

Privilégiez la viande des Grisons, le jambon cru, le lait de chèvre et ses fromages, les olives, les œufs coque ou sur le plat. Pain de seigle tartiné de beurre salé ou de tapenade.

Boissons : chocolat noir, thé, café sans sucre.

À la fin de l'été, privilégiez les aliments de saveur acide, amère, salée, et piquante en petite quantité.

Il faut éviter les aliments sucrés, le miel, les pâtisseries, les glaces, le lait de vache, les aliments contenant du maïs et du blé, la viande de bœuf.

+ + Conseillé + +

LES ALIMENTS À SAVEUR ACIDE	Ils sont favorables pour préserver la rate et le pancréas en fin d'été, mais à éviter si le foie et trop Yang. Vinaigre, citron, orange, vin, tomate, oseille, lait fermenté, kéfir, cassis, fraise, prune, sésame, poulet, pintade, œuf, pain de seigle.
LES ALIMENTS À SAVEUR AMÈRE	Ils sont conseillés en fin d'été, pas au début ; de plus ils sont tonicardiaques. Dents-de-lion (pissenlits), endives, artichaut, salade frisée, asperge, chicorée, chou-rave, orange amère, café, chocolat noir, gentiane, quinquina, canard, agneau, mouton, canard, oie, fromage de chèvre, roquefort.
LES ALIMENTS À SAVEUR SALÉE	Ils sont conseillés en fin d'été et au printemps car le sel neutralise le sucré et l'acide, mais éviter si vous êtes sujet aux maux de tête.

LES ALIMENTS À SAVEUR SALÉE	Eau de Vichy, algues, soja, haricots azukis, châtaignes, lentilles, crevettes, fruits de mer, moules, huîtres, morue salée, porc, charcuterie, jambon, noix de cajou.
EN PETITE QUANTITÉ, LES ALIMENTS À SAVEUR PIQUANTE	Ils favorisent la montée de l'énergie, sont tolérés mais déconseillés si vous transpirez beaucoup et le soir si vous faites de l'insomnie et si vous avez de la tension dans les épaules. Poivre, moutarde, curry, piment, clou de girofle, alcool, gingembre, radis noir, poireau, navet, radis, ail, oignon cru, menthe, millet, lapin, cheval.

– – À éviter – –

LES ALIMENTS À SAVEUR SUCRÉE	Il faut éviter les aliments sucrés, le miel, les pâtisseries, les glaces, le lait de vache, les aliments contenant du maïs et du blé, la viande de bœuf.

Menu type pour une semaine en fin d'été
Petit-déjeuner valable en fin d'été
pour chaque jour : voir page 133.

Lundi

DÉJEUNER	16 HEURES	DÎNER
Salade verte, vinaigrette Poulet, aubergine	Fraises	Salade de concombre Poisson

Mardi

DÉJEUNER	16 HEURES	DÎNER
Côtelette d'agneau Haricots verts	Framboises	Jambon

Mercredi

DÉJEUNER	16 HEURES	DÎNER
Omelette au roquefort Salade d'endives	Fruits	Maquereaux Salade mêlée

Jeudi

DÉJEUNER	16 HEURES	DÎNER
Chou vert Pintade	Cassis	Courgette poêlée Sardines

Vendredi

DÉJEUNER	16 HEURES	DÎNER
Moussaka d'aubergines Salade	Fraises	Daurade Salade

Samedi

DÉJEUNER	16 HEURES	DÎNER
Endives au four avec jambon et fromage de brebis	Framboises	Raie aux câpres Pommes de terre vapeur

Dimanche

DÉJEUNER	16 HEURES	DÎNER
Magret de canard Haricots blancs	Cassis ou framboises	Petits poissons Salade

AUTOMNE

Petit-déjeuner valable en automne pour chaque jour

Boire un verre d'eau tiède à jeun avec éventuellement un peu de jus de citron si vous le souhaitez.

Ensuite vous pouvez si vous en avez envie boire un jus de fruits frais pressé.

Puis, au choix :

1. mangez autant de fruits que vous voulez, mais rien d'autre (évitez les fruits trop sucrés ou acides) ;
2. châtaignes ;
3. crêpes au sarrasin avec fromage de brebis et olives ;
4. ou jambon, salade d'endives ou de chicorée ;
5. ou œuf à la coque ou sur le plat, tomate, concombre, olives, sauce vinaigrette à l'huile d'olive ou colza ;
6. fromage de chèvre, olives, salade verte, tomate, vinaigrette.
7. AlcaMatin (flocons de millet et sarrasin, vendus en magasin de produits naturels) : délayer 3 cuillères à soupe avec un verre d'eau bouillante, remuez et laissez reposer 5 minutes ; ajouter une banane ou de la compote de pomme.
8. *Petit-déjeuner complet idéal :* consiste à broyer au mixeur des amandes, des noisettes, des noix de Grenoble, de cajou, du Brésil, de macadamia, de pécan (au choix) avec des graines de sésame, de lin, de tournesol, de courge, de pavot. Versez de l'eau bouillante sur cette préparation. Mélangez. Ajoutez un ½ yaourt de soja, de chèvre ou de brebis, des raisins secs ou des canneberges trempés la

veille. Ajoutez selon votre préférence une banane, une pomme ou une poire.

Ne craignez surtout pas que ce petit-déjeuner vous fasse grossir, bien au contraire. Il vous apportera tous les nutriments dont vous avez besoin (vitamines, minéraux, oligoéléments, enzymes, protéines, bons lipides, etc.).

Les quantités et le choix des aliments cités dépendent de votre âge, de vos besoins et de vos goûts.

En automne, il n'est pas conseillé de consommer des aliments piquants. Les saveurs sucrées et acides sont également déconseillées à cette saison.

Consommez de préférence des aliments amers ou salés.

+ + Conseillé + +

LES ALIMENTS À SAVEUR AMÈRE	Ils sont conseillés en automne et au printemps. De plus ils sont tonicardiaques. Vinaigre, citron, orange, vin, tomate, oseille, lait fermenté, kéfir, cassis, fraise, prune, sésame, poulet, œuf, dents-de-lion (pissenlits), endives, artichaut, salade frisée, asperge, chicorée, chou-rave, orange amère, café, chocolat noir, gentiane, quinquina, canard, agneau, pintade, tomate, pain complet, pain de seigle.

LES ALIMENTS À SAVEUR SALÉE	Eau de Vichy, algues, soja, haricots azukis, châtaignes, lentilles, crevettes, fruits de mer, moules, huîtres, morue salée, porc, charcuterie, jambon, noix de cajou.

– – À éviter – –

LES ALIMENTS À SAVEUR PIQUANTE	Poivre, moutarde, curry, piment, clou de girofle, alcool, gingembre, radis noir, poireau, navet, radis, ail, oignon cru, menthe, millet, lapin, cheval.
LES ALIMENTS À SAVEUR SUCRÉE ET ACIDE	Les saveurs sucrées et acides sont également déconseillées en automne.

Menu type pour une semaine en automne

Petit-déjeuner valable en automne pour chaque jour : voir page 138.

Lundi

DÉJEUNER	16 HEURES	DÎNER
Agneau Ratatouille	Fruits de saison	Poisson, salade de pissenlit ou d'endives

Mardi

DÉJEUNER	16 HEURES	DÎNER
Lentille Saucisse de Morteau	Framboises	Morue Pommes de terre vapeur

Mercredi

DÉJEUNER	16 HEURES	DÎNER
Canard aux olives Haricots verts	Fruits de saison	Jambon Salade, endives

Jeudi

DÉJEUNER	16 HEURES	DÎNER
Moussaka d'aubergine Salade	Fruits de saison	Poisson Ratatouille

Vendredi

DÉJEUNER	16 HEURES	DÎNER
Moule, papillote de poisson Purée de poivrons rouge	Fruits de saison	Poisson Salade

Samedi

DÉJEUNER	16 HEURES	DÎNER
Artichaut Canard et courgettes	Fruits de saison	Saumon fumé ou moules Salade

Dimanche

DÉJEUNER	16 HEURES	DÎNER
Huîtres Choucroute garnie	Fruits de saison	Jambon blanc Salade mêlée

HIVER

Petit-déjeuner valable en hiver pour chaque jour

Boire un verre d'eau tiède à jeun avec éventuellement un peu de jus de citron si vous le souhaitez ou une infusion de menthe.

Ensuite vous pouvez si vous en avez envie boire un jus de fruits frais pressé.

Puis, au choix :

1. mangez des fruits crus ou en compote, rien d'autre ;
2. crêpes à la farine de millet ou de quinoa ;
3. ou œuf coque ou plat, tomate, concombre, sauce vinaigrette à l'huile d'olive ou colza ;

4. fromage doux, salade verte, tomate, vinaigrette ;
5. flocons d'avoine, lait d'amande ou de soja, amandes, banane.
6. AlcaMatin (flocons de millet et sarrasin, vendus en magasin de produits naturels) : délayer 3 cuillères à soupe avec un verre d'eau bouillante, remuez et laissez reposer 5 minutes ; ajouter une banane ou de la compote de pomme.
7. *Petit-déjeuner complet idéal :* consiste à broyer au mixeur des amandes, des noisettes, des noix de Grenoble, de cajou, du Brésil, de macadamia, de pécan (au choix) avec des graines de sésame, de lin, de tournesol, de courge, de pavot. Versez de l'eau bouillante sur cette préparation. Mélangez. Ajoutez un ½ yaourt de soja, de chèvre ou de brebis, des raisins secs ou des canneberges trempés la veille. Ajoutez selon votre préférence une banane, une pomme ou une poire.

Ne craignez surtout pas que ce petit-déjeuner vous fasse grossir, bien au contraire. Il vous apportera tous les nutriments dont vous avez besoin (vitamines, minéraux, oligoéléments, enzymes, protéines, bons lipides, etc.).

Les quantités et le choix des aliments cités dépendent de votre âge, de vos besoins et de vos goûts.

En hiver, il est conseillé de manger des aliments à saveur piquante, sucrée, acide. Évitez les aliments de saveur salée et amère.

+ + Conseillé + +

LES ALIMENTS À SAVEUR PIQUANTE	Ils favorisent la montée de l'énergie et sont bien tolérés en hiver, mais déconseillés si vous transpirez beaucoup et le soir si vous faites de l'insomnie. Poivre, moutarde, curry, piment, clou de girofle, alcool, gingembre, radis noir, poireau, navet, radis, ail, oignon cru, menthe, millet, lapin, cheval.
LES ALIMENTS À SAVEUR ACIDE	Vinaigre, citron, orange, vin, tomate, oseille, lait fermenté, kéfir, cassis, fraise, prune, sésame, poulet, œuf.
LES ALIMENTS À SAVEUR SUCRÉE	Bœuf, calamars, escargots, fruits doux, maïs, riz.

– – À éviter – –

LES ALIMENTS À SAVEUR SALÉE	Eau de Vichy, algues, soja, haricots azukis, châtaignes, lentilles, crevettes, fruits de mer, moules, huîtres, morue salée, porc, charcuterie, jambon, noix de cajou.
LES ALIMENTS À SAVEUR AMÈRE	Dents-de-lion (pissenlits), endives, artichaut, salade frisée, asperge, chicorée, chou-rave, orange amère, café, chocolat noir, gentiane, quinquina, canard, agneau.

Menu type pour une semaine en hiver

Petit-déjeuner valable en hiver pour chaque jour : voir page 142.

Lundi

DÉJEUNER	16 HEURES	DÎNER
Poireaux vinaigrette Poulet	Fruits de saison	Poisson, légumes Salade

Mardi

DÉJEUNER	16 HEURES	DÎNER
Polenta Salade	Fruits de saison	Soufflé de millet Légumes, salade

Mercredi

DÉJEUNER	16 HEURES	DÎNER
Potée ou pot-au-feu	Fruits de saison	Poisson, légumes Salade

Jeudi

DÉJEUNER	16 HEURES	DÎNER
Lapin moutarde Patate douce	Fruits de saison	Pâtes sans gluten Légumes

Vendredi

DÉJEUNER	16 HEURES	DÎNER
Risotto aux champignons	Fruits de saison	Calamar, légumes Salade

Samedi

DÉJEUNER	16 HEURES	DÎNER
Bœuf carotte	Fruits de saison	Omelette Salade

Dimanche

DÉJEUNER	16 HEURES	DÎNER
Poulet, haricots verts Salade	Fruits de saison	Poisson, légumes Salade

Compléments alimentaires

Une bonne alimentation bio devrait pouvoir nous apporter ce dont notre corps a besoin. Ce n'est pas toujours le cas. Heureusement, ces dernières années, des laboratoires indépendants se sont ingéniés à mettre au point des compléments intéressants. Pour n'en citer que quelques-uns :

- **La coenzyme Q10** : indispensable au travail musculaire et principalement du myocarde.
- **L'acide alpha-lipoïque** : un super-antioxydant, mais aussi une aide précieuse pour favoriser le métabolisme des glucides et éviter le diabète.

- **La carnitine** : réduit l'effet néfaste des sucres sur les protéines.
- **Le glutathion** : convertit les toxines en les rendant inoffensives.
- **La quercétine** : joue un rôle clé dans la protection intestinale et celle des muqueuses gastro-intestinales.
- **Le ginkgo biloba** : favorise la microcirculation du cerveau et des intestins.
- **La glutamine** : indispensable pour régénérer les cellules de l'intestin grêle et combat par ailleurs le stress.
- **L'arginine** : stimule la fertilité, améliore la combustion des graisses au profit des muscles, stimule l'hormone de croissance, peut être considéré comme un viagra naturel.
- **Le gaba** : stimule l'hormone de croissance et l'insuline.
- **Le schizandra** : aphrodisiaque, tonique, fortifiant, améliore la mémoire et calme les angoisses.
- **L'aloe vera** : protège et aide à réparer la muqueuse intestinale.
- **L'uña de gato (griffe de chat)** : excellent anti-inflammatoire et protecteur de la muqueuse intestinale.
- **La réglisse** : donne du tonus et protège les muqueuses intestinales, désintoxique, mais augmente la tension.
- **L'huile de foie de requin** : contient des alkyl glycérols qui protègent et activent la restructuration de la muqueuse intestinale, améliorent son écosystème.

- L'airelle rouge en bourgeons (gemmothérapie) : régule la motricité intestinale et ses défenses ; favorise une bonne assimilation, aide au tri en facilitant le passage des éléments bénéfiques et en barrant la route aux éléments indésirables.

Évitez les compléments à base de fer, souvent mal tolérés, favorisant alors le stress oxydatif.

La phyto-aromathérapie

Alors que l'on croyait au miracle de la chimie, l'usage des plantes fut pour un temps délaissé. Et comme la chimie, loin de tout résoudre, pose de sérieux problèmes, on en revient à ces bonnes vieilles plantes de nos grands-mères.

On dit que si elles ne font pas de bien, elles ne font pas de mal. Ce qui est faux, car on peut faire beaucoup de bien mais aussi beaucoup de mal avec certaines plantes.

Celles que je vous indique, principalement pour soigner vos troubles digestifs, sont d'un grand secours ; ne les négligez pas car elles contiennent des substances très actives.

Pour davantage de détails sur la phytothérapie, reportez-vous aussi aux pages consacrées aux plantes sauvages (pages 230 à 240).

Modes d'utilisation

Infusion

Jetez les plantes dans l'eau bouillante, retirez du feu immédiatement, couvrez, laissez infuser au moins 10 minutes, davantage si vous voulez.

Décoction

Mettez les plantes dans l'eau froide, portez à ébullition pendant dix à trente minutes. On peut encore laisser infuser avant de filtrer. La décoction convient plus particulièrement pour les bois et les racines.

Pour favoriser la digestion

Une tasse après le repas d'une de ces infusions au choix : menthe, fenouil, marjolaine, gentiane, origan, mélisse, gingembre, angélique, romarin.

Pour éviter les ballonnements

Une tasse après le repas d'une de ces infusions au choix : anis vert, cumin, carvi, coriandre, aneth, impératoire.

Hypoglycémie

Une tasse avant le repas. Laissez infuser 30 minutes : boldo, eucalyptus, feuilles de myrtilles, noyer, prêle.

Plantes appréciées des fonctions hépatiques

Une tasse le matin à jeun d'une de ces décoctions : racines de chicorée, racines de pissenlit (dent-de-lion), racines de bardane, racines de saponaire, feuilles ou fleurs de romarin, feuilles d'artichaut hachées, feuilles de verveine, feuilles de boldo.

Constipation

Une tasse le soir avant de se coucher et une le matin à jeun.

- Action douce : frêne, mauve, guimauve.
- Purgative : bourdaine, mercuriale, grand liseron, séné d'Alep.

Diarrhée

Plusieurs tasses par jour. Faire une décoction de 2 cuillères à soupe de ce mélange pour un demi-litre d'eau : racine de cousandre, feuilles de ronce, racines de guimauve, plantain, anis vert.

Détox

Une tasse le matin et une le soir. Faire une décoction avec les racines et à la fin faire infuser la pensée sauvage et la menthe : racine de pissenlit (dent-de-lion), racine de bardane, pensée sauvage, menthe poivrée.

L'aromathérapie

C'est une variante de la phytothérapie. On utilise des distillats hyperconcentrés de plantes aromatiques pour la santé et la beauté.

L'aromathérapie date des temps les plus reculés. Dans l'Antiquité, son usage fut très abondant. Les vertus des essences aromatiques sont multiples : désintoxicantes, bactéricides, anti-fermentaires, antiseptiques, antalgiques, vermifuges, diurétiques.

Leur absorption à travers la peau est immédiate, puis elles se répartissent dans la circulation générale pour atteindre sélectivement les organes pour lesquels elles éprouvent une attirance.

Par exemple :

- fenouil → tube digestif
- genièvre → reins
- camomille → foie

Les effets de ces distillats sont d'autant plus puissants qu'ils sont plus odorants. Leur association peut permettre une synergie d'action intéressante.

Mode d'utilisation

Voie interne.

Prendre 1 à 2 gouttes dans une cuillerée de miel, sur un sucre roux ou sur de la mie de pain.

Pour les estomacs fragiles, à prendre pendant le repas.

Aérophagie, ballonnement

Anis vert, fenouil, carvi, estragon.

Pour favoriser la digestion

Menthe, basilic, serpolet.

Pour contrer les fermentations gastriques

Girofle, thym, estragon.

Pour favoriser les fonctions hépatobiliaires

Camomille, citron, céleri, romarin, pissenlit.

Assainir le milieu intestinal

Cannelle, thym, sarriette, basilic.

Stimulant

Ginseng, gingembre, sarriette.

Sédatif

Houblon, marjolaine, lavande, mélisse.

Antiseptiques
Origan, thym, cannelle, sarriette, lavande, girofle.

La gemmothérapie

Médecine des bourgeons, c'est une branche nouvelle de la phytothérapie découverte par le Dr Paul Henry, étudiée cliniquement par le docteur Max Tetau.

Partant du principe que toute la potentialité du futur arbre se trouve dans ses bourgeons, il convenait de recueillir ses principes actifs par macération dans un mélange eau-alcool-glycérine. L'extraction ainsi obtenue contient vitamines, oligoéléments, minéraux, enzymes, hormones de croissance, informations génétiques, transmettant ainsi tout le potentiel énergétique et thérapeutique de l'arbre.

Posologie : 5 à 10 gouttes dans un verre d'eau le matin au réveil, suivant leur concentration. Par exemple, les macérats glycérinés de bourgeons que l'on trouve en pharmacie sont très dilués et nécessitent une trentaine de gouttes par jour, pour seulement 10 gouttes avec les extraits de bourgeons bio du laboratoire Herbalgem, et encore moins avec les macérats concentrés riches en principe actifs bio du laboratoire La Royale, pionnier en ce domaine, donnant d'excellents résultats avec seulement 5 gouttes 2 fois par jour.

Contribue à restaurer la flore intestinale
Noyer, airelle.

Amis du foie

Romarin, bouleau, genévrier, seigle, noyer, érable (améliore la production et la qualité de la production du cholestérol et de la bile), cornouiller, frêne, cassis.

Antitoxique

Bouleau, romarin, genévrier.

Vésicule biliaire

Érable (s'oppose à la formation des calculs biliaires), romarin, frêne.

Colite

Airelle, vigne, églantier, figuier.

Diarrhée

Airelle, noyer.

Muqueuse digestive

Cèdre.

Anti-arthrose

Vigne.

Estomac

Figuier, cassis.

Pancréas

Noyer, bouleau, genévrier, myrtillier.

Anti-inflammatoire
Aulne glutineux (fluidifie le sang, s'oppose à l'inflammation), cassis, bouleau.

Réflexologie plantaire

Nous voyons d'après le schéma (page 88) la représentation viscérale de la face plantaire du pied.

La ligne horizontale « ceinture » correspond à notre taille.

Nous remarquons que la projection organique sur la face plantaire du pied est la réplique de l'emplacement des organes dans le corps. D'ailleurs, le cœur se projette à gauche et le foie à droite. La colonne vertébrale sur le bord interne du pied : cervicale en haut, coccyx en bas.

- **Examen.** Il se pratique avec le bord externe du pouce appuyé moyennement sur la région choisie. Si l'organe correspondant est affaibli ou malade, vous détecterez un petit dépôt cristallin comme un grain de sable sous la peau, au niveau de sa représentation.
- **Massage.** Toujours avec le bord externe du pouce, en appui moyen, vous glissez en maintenant la pression sur la région intéressée.
- **Thérapie.** Pour favoriser le transit intestinal, massez-glissez en suivant la représentation du côlon, dans le sens des aiguilles d'une montre. Commencez par le bord externe du pied droit en montant, puis le côlon transversal, et continuez sur le côlon transversal du pied gauche, ensuite descendez le bord externe de ce pied pour le côlon descendant et continuez sur le sigmoïde.

Ce massage-réflexe est très intéressant chez les constipés. On a intérêt à y associer le foie, la vésicule biliaire, en appuyant sur leur emplacement au niveau du pied droit. Faites de douces rotations en restant en contact une à deux minutes avec la représentation hépatique du pied. Tous les organes représentés dans le schéma peuvent ainsi être débloqués et bénéficier d'un apport énergétique plus harmonieux, permettant aux organes ainsi traités de retrouver leur optimisation fonctionnelle. Vous pouvez favoriser le transit digestif en commençant par masser la zone réflexe de l'estomac, puis celle de l'intestin grêle et terminer par celle du gros intestin. Pour améliorer les fonctions pancréatiques, massez sa zone réflexe 3 minutes, 2 fois par semaine.

- **La pression.** La pression doit s'adapter au ressenti. Je m'explique : en cas de région douloureuse, commencez par masser doucement et en surface, accentuez votre pression au fur et à mesure de la disparition de la sensation douloureuse.
- **Bon à savoir.** Une zone réflexe peut être « yinisée » par un massage lent en profondeur ou « yanguisée » par un massage rapide en surface.
- **Combien de fois ?** 2 à 3 fois par semaine, cela dépend de l'état de l'organe traité, de l'âge et du mode de vie du patient. Il faut s'adapter au cas par cas et se guider selon le ressenti et le résultat.
- **Les réactions.** Les réactions varient d'une zone à l'autre et d'un individu à un autre, suivant l'état de fonctionnement de l'organe traité.

Un processus d'élimination des toxines peut causer momentanément une gêne passagère.

Une réaction satisfaisante peut apparaître immédiatement dès la première séance, mais dans la plupart des cas une amélioration substantielle apparaît à la troisième ou quatrième séance.

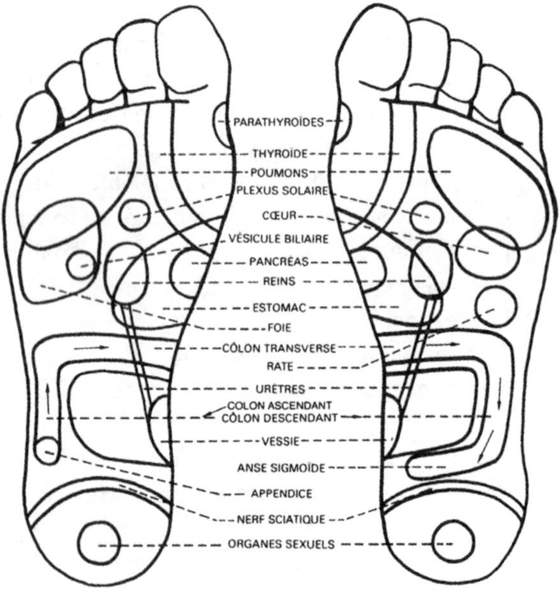

Pied droit | Pied gauche

D'après Eunice Inghan
Cf. Jacques Staehle, *Effacer le ventre*,
Éd. Jean-Pierre Delarge, 1977.

CHAPITRE III – DIGITOPUNCTURE – UN CADEAU DU CIEL

Le Créateur a placé sur notre corps un clavier énergétique.

Il nous appartient d'honorer ce présent et de profiter de ses innombrables bienfaits.

L'acupuncture est l'affaire de spécialistes, mais tout le monde peut pratiquer la digitopuncture qui consiste à stimuler ses points énergétiques avec un doigt. Le massage de ces points d'acupuncture peut vous aider à perdre du ventre, mieux digérer, être plus relax, favoriser le transit intestinal, stimuler les fonctions hépatiques, améliorer la circulation et activer la fonction de tous les organes.

Comprendre la digitopuncture

Le but de la digitopuncture est d'harmoniser la circulation énergétique dans l'ensemble du corps, pour permettre un parfait fonctionnement de tous nos organes.

En travaillant, nos cellules produisent de l'énergie, et pour travailler, elles ont besoin d'énergie. L'énergie produite empreinte des circuits propres à chaque fonction. Ces circuits sont appelés « Méridiens ».

Il y a 12 Méridiens et 8 superviseurs appelés Merveilleux Vaisseaux. Les points se situent sur les 12 Méridiens Principaux et sur 2 Merveilleux Vaisseaux.

L'harmonie énergétique dépend de l'équilibre de deux forces, que les Chinois ont nommé Yin-Yang.

Yin-Yang

Tout existe par rapport à son contraire et à sa relativité.
Plus ou moins chaud, plus ou moins froid.
Plus ou moins bon, plus ou moins mauvais.
Plus ou moins lourd, plus ou moins léger.

Si une région du corps est trop Yang, il faudra disperser le ou les points concernés.

Si un Méridien est trop Yang, ou pas assez, pour le réguler, il y a sur le Méridien un point de tonification et un point de dispersion.

Si nous sommes globalement trop Yang ou pas assez, nous avons à notre disposition des points spécifiques qui agissent sur l'ensemble du corps.

YANG	YIN	EXCÈS DE YANG	EXCÈS DE YIN
Jour	Nuit	Brûlure	Refroidissement
Externe	Interne	Crampes	Relâchement musculaire
Soleil	Nuage	Douleur aiguë	Douleur sourde
Lumière	Nuit	Excitation	Inertie
Chaud	Froid	Insomnie	Somnolence
Activité	Repos	Inflammation	Insensibilité
Sec	Humide	Extraverti	Introverti

YANG	YIN	EXCÈS DE YANG	EXCÈS DE YIN
Éveil	Sommeil	Rapidité	Lenteur
Dur	Mou	Extériorisation	Intériorisation
Lourd	Léger	Aménorrhée	Règles abondantes
Contracté	Relâché	Règles trop courtes	Règles trop longues
Attaque	Défense	Diurèse insuffisante	Diurèse importante
Physique	Mental	Crainte exagérée du chaud	Crainte du froid

Les 12 Méridiens Principaux

Méridien Principal Estomac (MP E)

Ce Méridien a une trajectoire presque centrale, légèrement externe parce que Yang. Il commence sous l'œil, passe de chaque côté des ailes du nez, puis au niveau des glandes salivaires, du cou, des seins, du ventre, l'aine, la cuisse, le côté externe de la jambe, le centre du cou-de-pied et vient se terminer au bord externe du deuxième orteil.

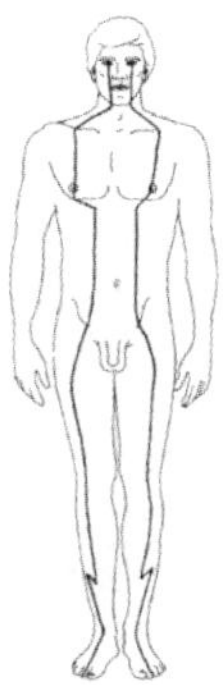

Méridien Principal Rate-Pancréas (MP Rt)

C'est un Méridien Yin, il aura donc une trajectoire interne. Il commence à la base interne de l'ongle du gros orteil, longe le bord interne du pied, de la jambe, de la cuisse, du ventre et se termine sur le côté du thorax, dans le sixième espace intercostal, au centre de la cage thoracique.

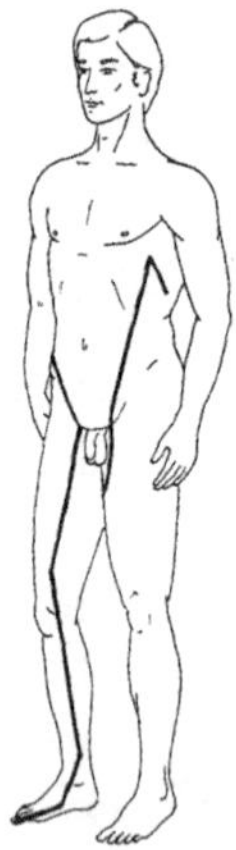

Méridien Principal Gros Intestin (MP GI)

C'est un Méridien Yang, qui commence à la base de l'ongle de l'index, du côté de l'index qu'il longe, continue son ascension sur le bord externe de l'avant-bras, du coude, du bras, de l'épaule, du cou, de la mâchoire, pour se terminer de chaque côté des ailes du nez.

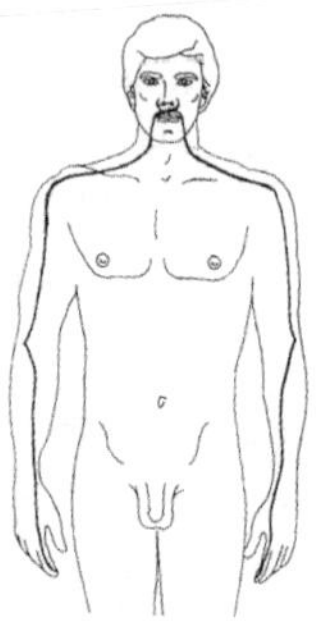

Méridien Principal Poumon (MP P)

Méridien Yin qui commence au poumon, sous la clavicule, dans le premier espace intercostal, passe sur le bord antéro-interne du bras, du coude, de l'avant-bras et se termine au pouce, à l'angle unguéal.

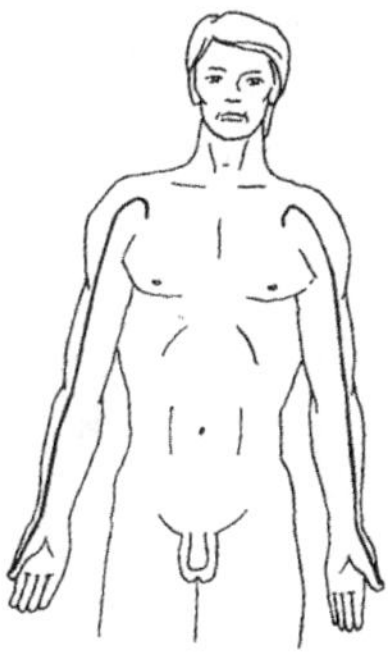

Méridien Principal Vessie (MP V)

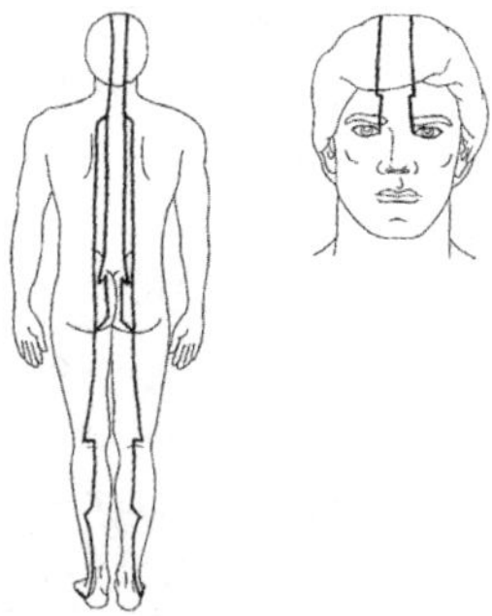

Ce Méridien Yang débute à l'angle interne de l'œil, monte de chaque côté de la ligne médiane du crâne, redescend derrière la nuque, le dos, de chaque côté de la colonne vertébrale, puis derrière le membre inférieur, continue sur le bord externe du pied, pour se terminer à la base de l'ongle du petit orteil, du côté externe.

Méridien Principal Reins (MP Rn)

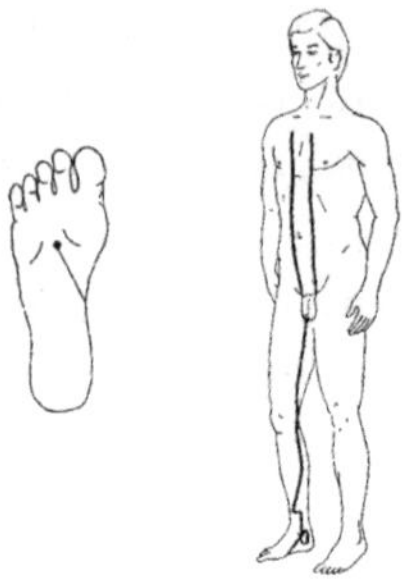

C'est un Méridien Yin qui commence sous le pied, passe derrière la cheville, la face interne du membre inférieur, l'aine, le long de la ligne centrale du ventre, c'est-à-dire le Vaisseau Conception, le bord du sternum pour se terminer dans le dernier espace costal, sous la clavicule.

Méridien Principal Vésicule Biliaire (MP VB)

Méridien Yang qui commence à la pointe externe de l'œil, passe sur tout l'hémicrâne, puis la bosse occipitale derrière la nuque, devant l'épaule, le thorax, les hanches, la fesse, la face externe du membre inférieur, le bord externe du pied, se termine à la base de l'ongle de l'avant-dernier orteil, du côté du petit orteil.

Méridien Principal Foie (MP F)

Méridien Yin qui commence à la base de l'ongle externe du gros orteil, passe entre les deux premiers orteils, monte sur la jambe interne, au bord du tibia, puis sur la face interne de la cuisse au niveau de l'aine, sur l'abdomen, et vient se terminer entre les côtes, sous les seins, dans le huitième espace intercostal.

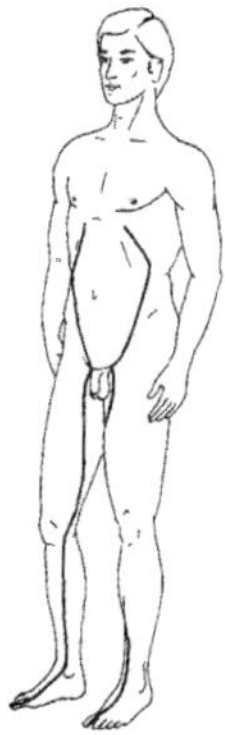

Méridien Principal Intestin Grêle (MP IG)

Méridien Yang qui commence à la base de l'ongle de l'auriculaire, longe le bord externe de l'avant-bras, le long de l'os cubital, passe derrière le coude, le bord postéro-interne du bras, derrière l'épaule, l'omoplate, la nuque, arrive à la joue et se termine devant le tragus de l'oreille.

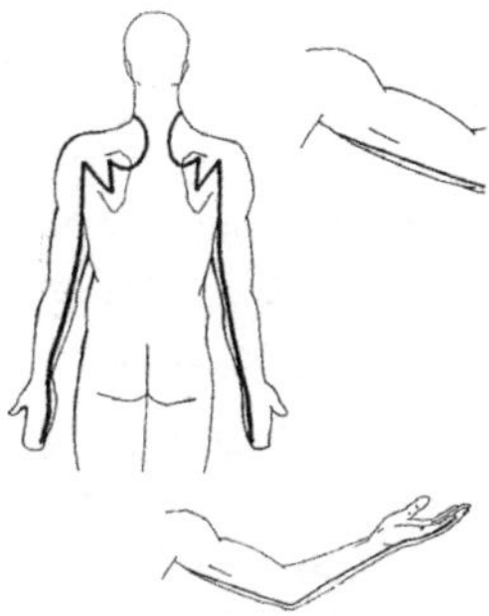

Méridien Principal Cœur (MP C)

Méridien Yin qui prend naissance au cœur, sort à l'aisselle, descend sur le bord antéro-interne de l'avant-bras, du coude, du bras, du poignet, de la face palmaire de la main, pour se terminer à la base de l'ongle du petit doigt, à côté de l'annulaire.

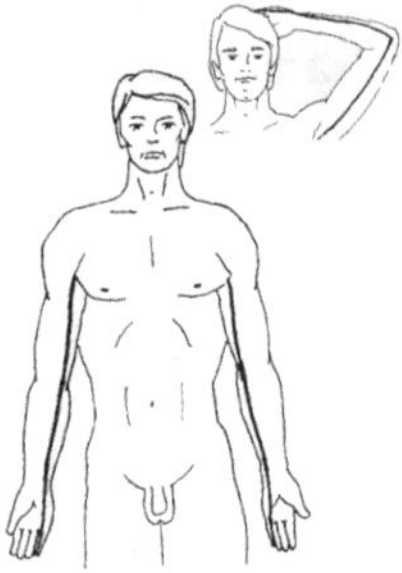

Méridien Principal Triple Réchauffeur (MP TR)

Méridien Yang qui commence à la base de l'ongle de l'annulaire, côté auriculaire, passe sur la main, entre les os du tarse des quatrième et cinquième doigts, monte au centre de la face postérieure de l'avant-bras, du coude, du bras, croise l'épaule, l'omoplate, le cou derrière l'oreille, contourne l'oreille, arrive devant celle-ci et se termine à la queue du sourcil.

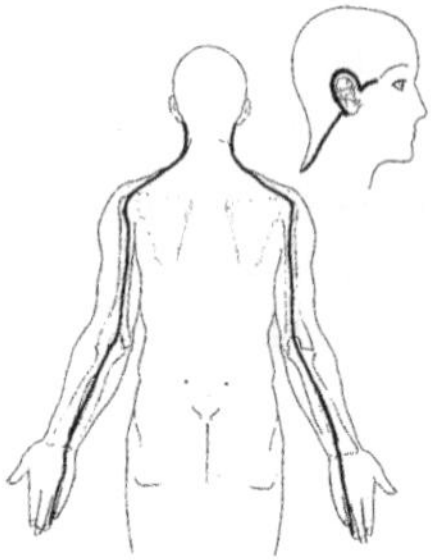

Méridien Principal Maître du Cœur (MP MC)

Méridien Yin qui commence au cœur, sort à la poitrine, juste à côté du mamelon, passe devant l'épaule, descend au centre de la face antérieure du bras, du coude et de l'avant-bras, de la face palmaire de la main, pour se terminer à la base de l'ongle du majeur, à côté de l'index.

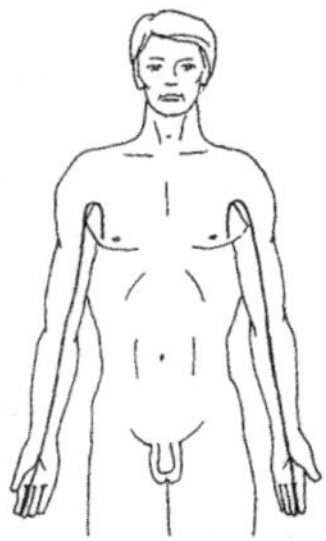

Digitopuncture pratique

+ = TONIFIER	– = DISPERSER
Pour tonifier le point, appuyez assez fort sur celui-ci et tournez dans le sens des aiguilles d'une montre.	Pour disperser le point, appuyez doucement si le point est sensible, augmentez la pression au fur et à mesure de son relâchement, tout en tournant dans le sens inverse des aiguilles d'une montre.

Faciliter la digestion

36 E + 12 VC +

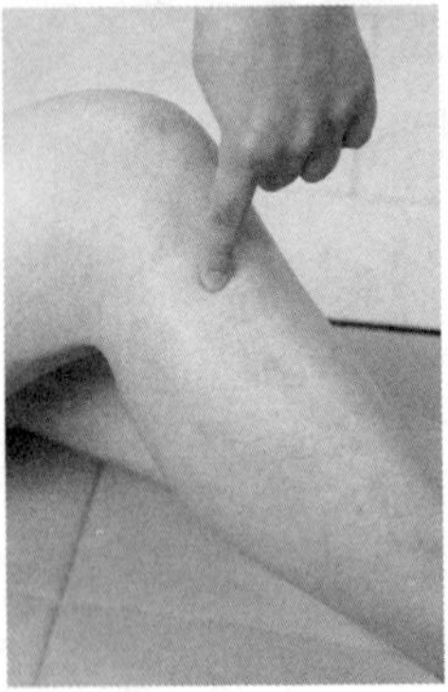

Le **36 E** se situe sur la face externe de la jambe, à quatre travers de doigt sous le genou, près du tibia, entre les deux muscles (jambier antérieur et extenseur commun).

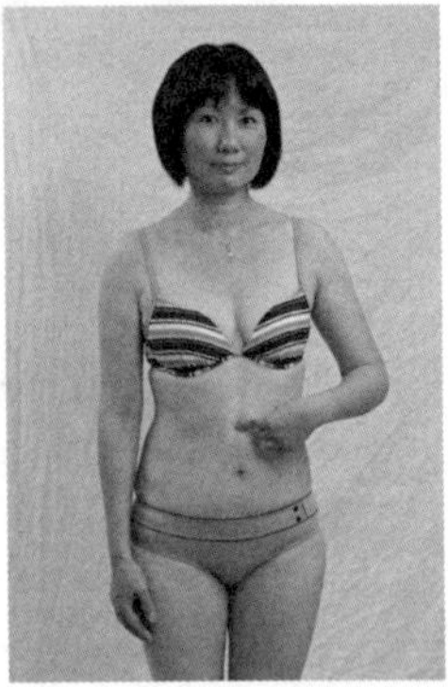

Le **12 VC** se situe sur le ventre, au centre, à un travers de main au-dessus du nombril, c'est-à-dire à mi-distance entre le nombril et la base du sternum. Ce point agit directement sur la digestion et particulièrement l'estomac.

Calmer une brûlure d'estomac

36 E – 45 E – 12 VC –

Le **45 E** se situe à la base de l'ongle du deuxième orteil, du côté du troisième orteil.

36 E et **12 VC** : *voir page précédente.*

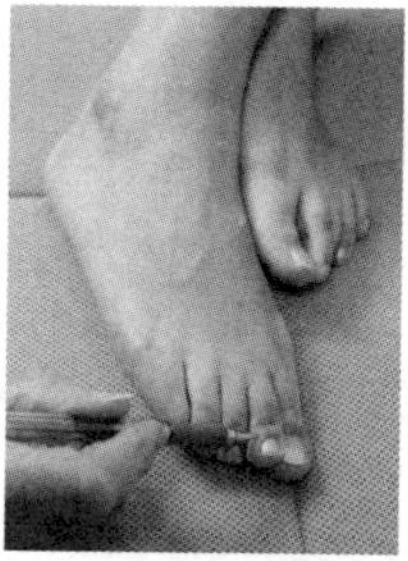

Pour harmoniser le processus biliaire et mieux digérer

14 F – 24 VB –

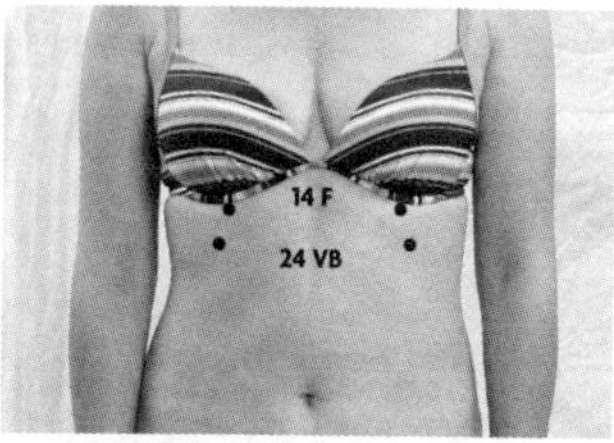

Le **14 F** se situe dans le 6e espace intercostal, sous le mamelon et le **24 VB** en dessous et légèrement décalé du 14 F, dans le 7e espace intercostal.

Il est souvent utile de les disperser le soir dans son lit pour mieux dormir.

Soulager une migraine digestive

36 E – 40 VB – 3 F –

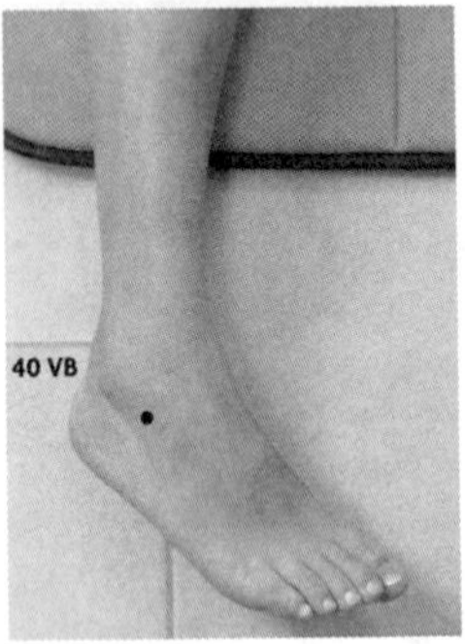

Le **40 VB** se situe sur le pied, devant la cheville, dans un creux, entre les tendons, parfois gonflé en cas de problème biliaire.

36 E : voir page 166.

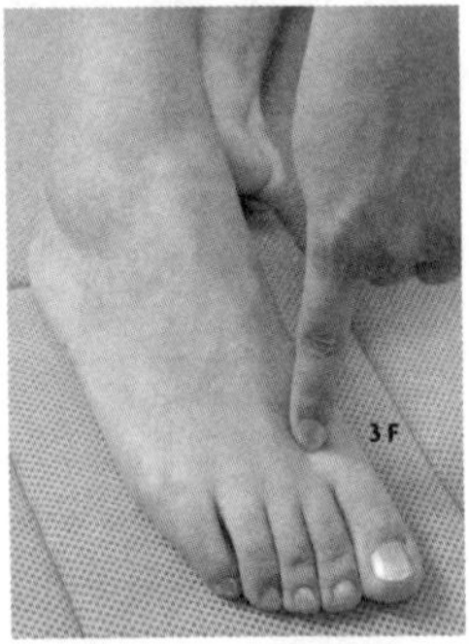

Le **3 F** se situe sur le pied, au sommet de l'angle que forment les deux premiers métatarsiens écartés.

Soulager un mal de tête en rapport avec les intestins

4 GI –

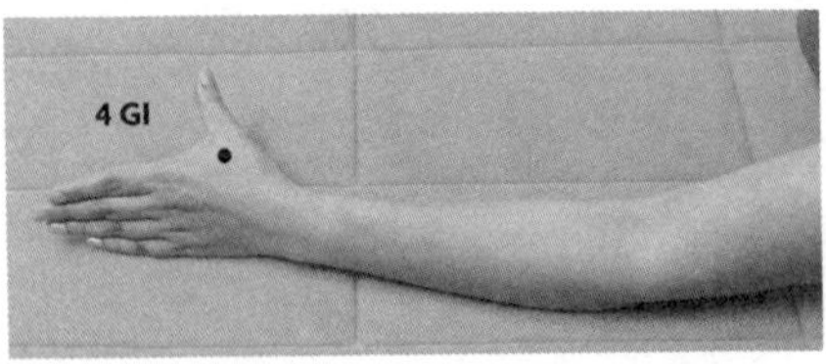

Le **4 GI** se situe sur la main, au sommet de l'angle que forment les deux premiers méta-carpiens écartés (quand le pouce est écarté de l'index), contre la base du deuxième méta-carpien.

Dissiper une gêne dans le ventre

6 MC – 9 Rt – 11 GI –

Cette gêne est souvent occasionnée par un gaz.

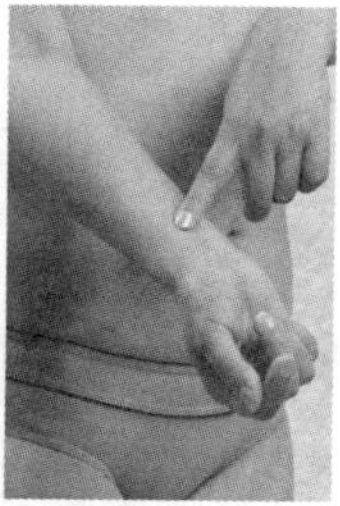

Le **6 MC** se situe au centre de la face antérieure de l'avant-bras, à trois petits travers de doigt au-dessus du pli du poignet.

Le **9 Rt** se situe sur la face interne de la jambe, sous le genou, contre l'angle osseux tibia/genou.

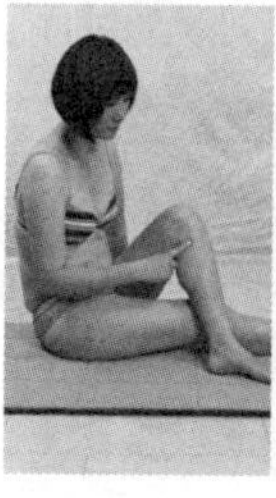

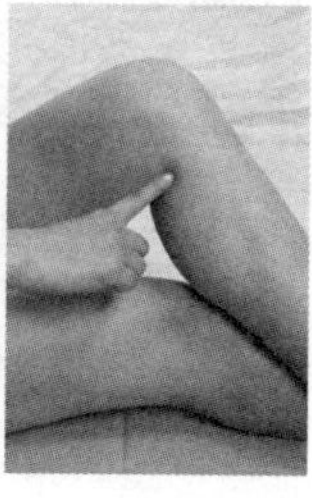

Le **11 GI** se situe au niveau du coude, devant et dans la partie externe du pli de flexion.

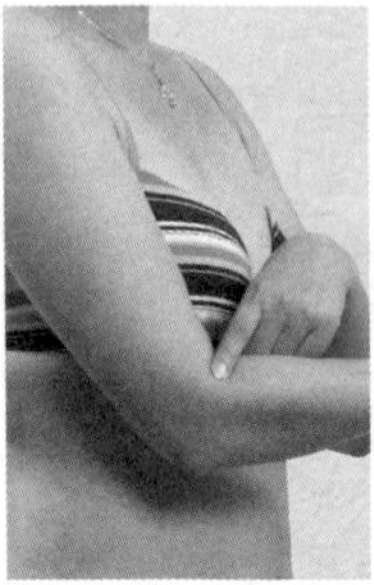

Pour optimiser les fonctions hépatiques

1 F + 8 F + 14 F +

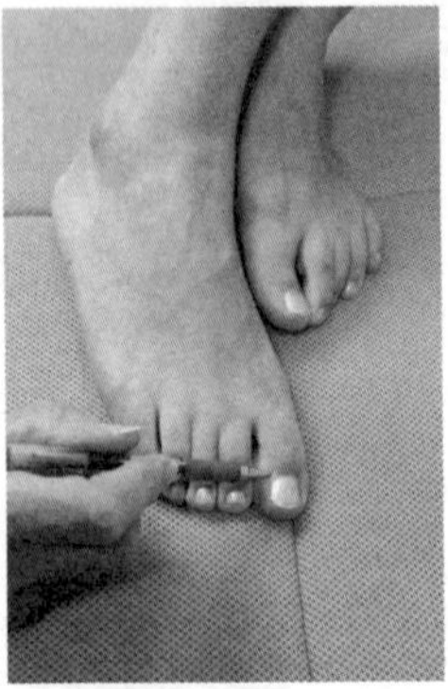

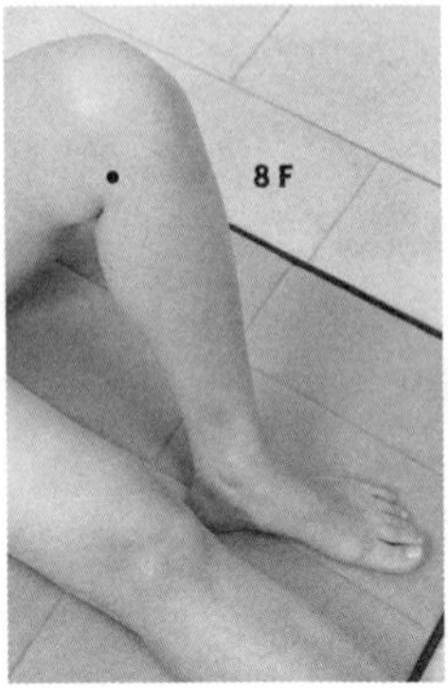

Le **1 F** se situe à la base de l'ongle du gros orteil, du côté du deuxième orteil.

Le **8 F** se situe sur la face interne, au niveau du pli du genou, contre l'articulation.

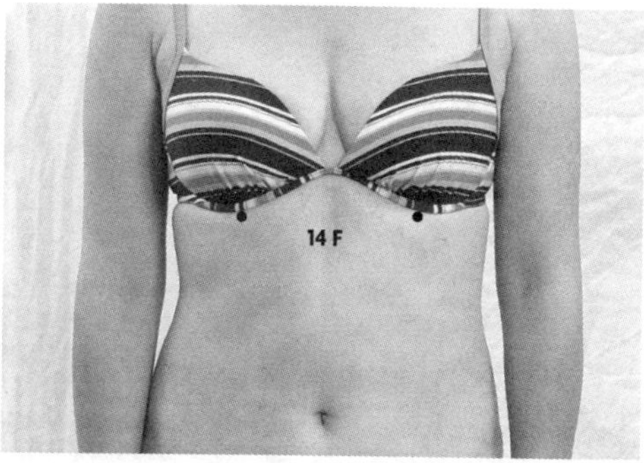

Le 14 F se situe sur la poitrine, dans le 7e espace intercostal, sous le mamelon.

Favoriser le drainage rénal

7 Rn + 25 VB + 23 V +

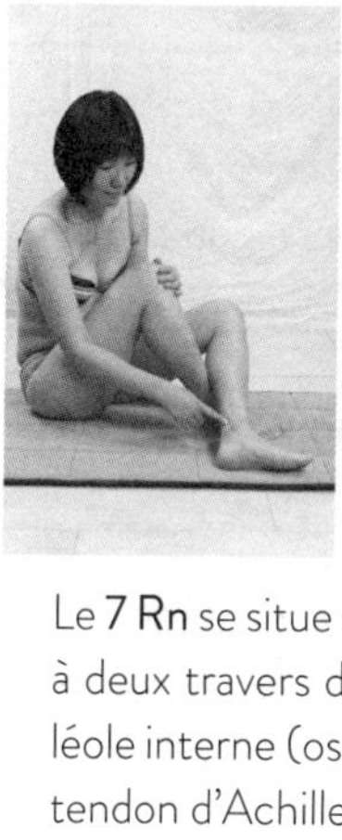

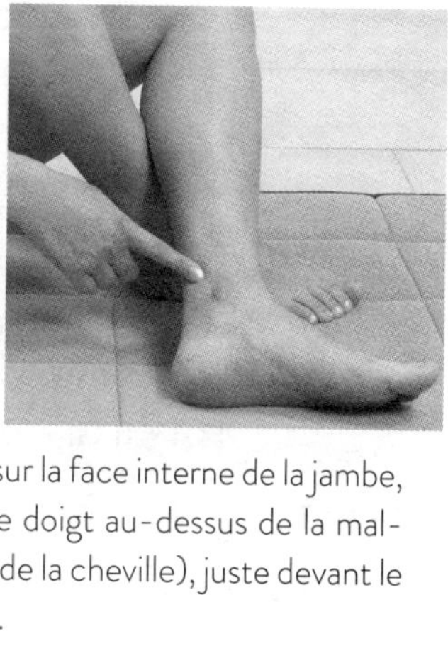

Le **7 Rn** se situe sur la face interne de la jambe, à deux travers de doigt au-dessus de la malléole interne (os de la cheville), juste devant le tendon d'Achille.

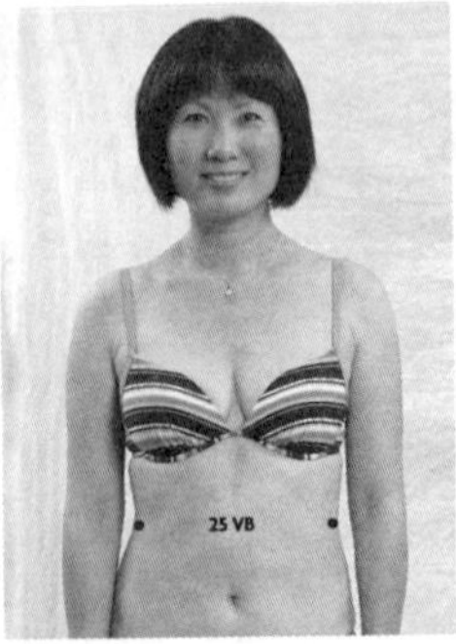

Le 25 VB se situe à l'extrémité de la douzième côte, qui est la côte flottante, dont la pointe apparaît sur les côtés de la base du thorax.

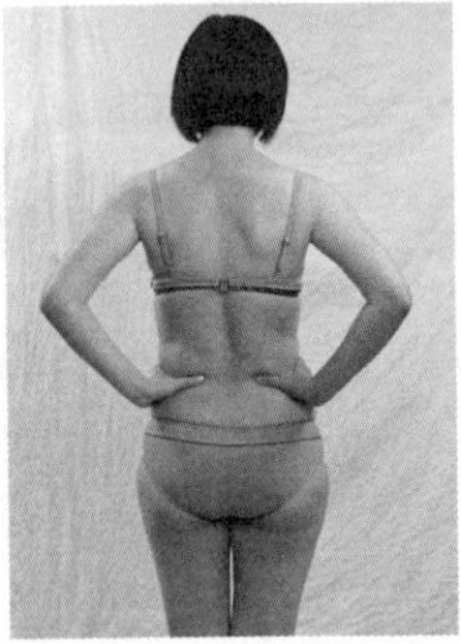

Le 23 V se situe dans la région lombaire, à deux travers de doigt de chaque côté de la colonne vertébrale, au niveau des deuxième et troisième vertèbres lombaires. Il stimule les reins, les surrénales, les défenses immunitaires et redonne du courage.

Constipation atonique, aider le transit intestinal

4 GI + 11 GI + 25 E +

Le 25 E se situe sur le ventre, à trois travers de doigt de chaque côté de l'ombilic.

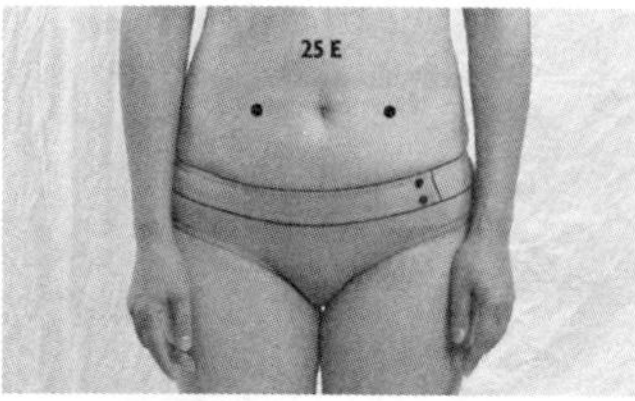

4 GI : voir page 169.
11 GI : voir page 170.

Constipation spasmodique

6 MC – 2 GI – 3 F –

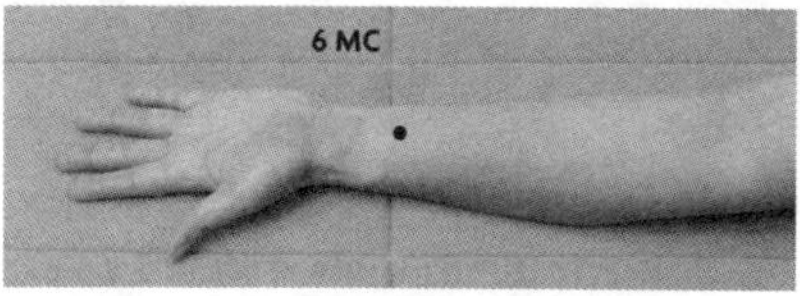

Le **6 MC** se situe au centre de la face antérieure de l'avant-bras, à trois petits travers de doigt au-dessus du pli du poignet.

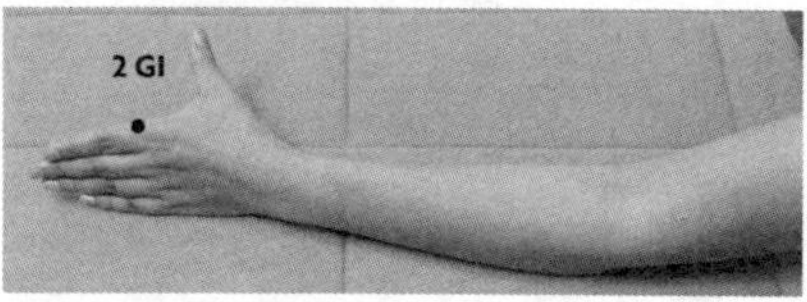

Le **2 GI** se situe sur le bord externe de l'index (côté pouce) avant la bosse de l'articulation métacarpo-phalangienne.
3 F : voir page 168.

Stopper une diarrhée

37 E + 7 Rn + 11 GI +

Le **37 E** se situe sur la face externe de la jambe, un peu au-dessus du centre, à huit travers de doigt sous le genou, c'est-à-dire à quatre travers de doigt sous le 36 E.

7 Rn : voir page 171.

11 GI : voir page 170.

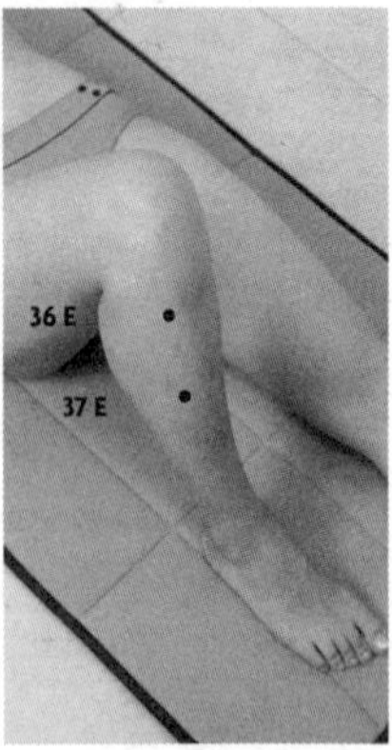

Dans le cas d'alternance de constipation-diarrhée

8 Rn + 25 E +

Le **8 Rn** se situe sur la face interne de la jambe, à deux travers de doigt de la malléole interne, contre le tibia.

25 E : voir page 172.

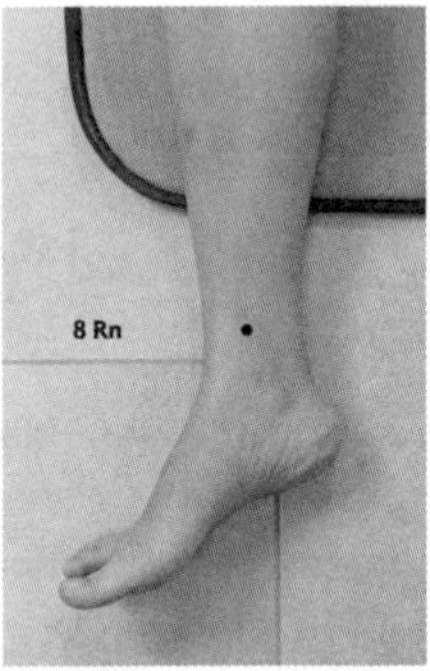

Si vous êtes ballonné

5 Rt – 36 E – 25 E –

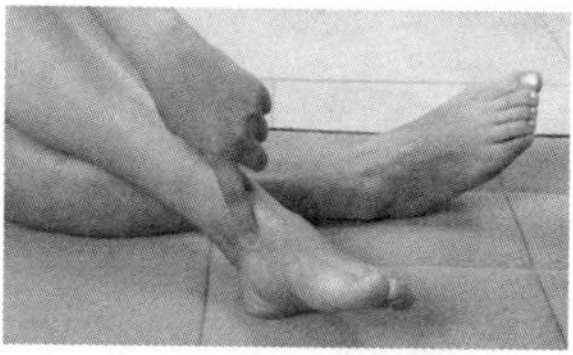

Le **5 Rt** se situe sur le cou-de-pied, en dessous et en avant de la malléole interne, dans un creux formé par deux tendons, qui apparaît en portant le pied vers l'intérieur.

36 E : voir page 166.
25 E : voir page 172.

Pour effacer un état nauséeux

21 Rn – 36 E – 24 VB – 14 F –

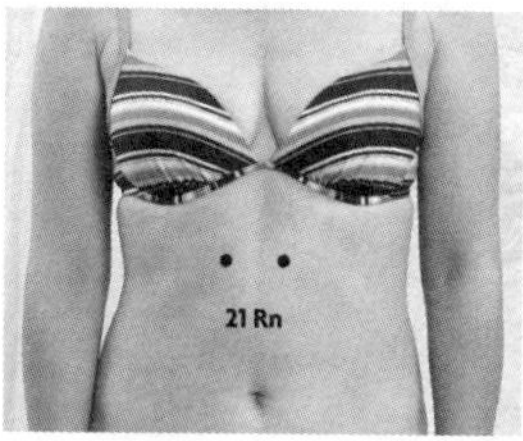

Le **21 Rn** se situe juste en dessous les côtes, les deux points étant séparés seulement de trois travers de doigt.

36 E : voir page 166.
24 VB : voir page 167.
14 F : voir page 171.

Pour effacer la fatigue

3 IG + 36 E + 6 VC + 6 Rt + 23 V + 4 VG + 7 Rn

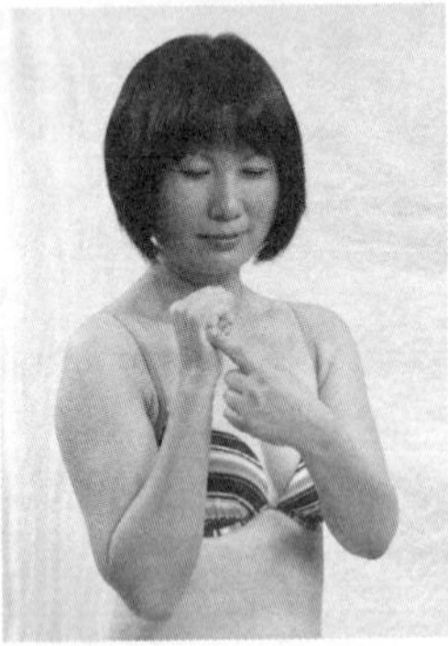

Le **3 IG** se situe sur le bord interne de la main, juste après l'articulation métacarpo-phalangienne, dans le prolongement du pli de flexion de la main. C'est le point clé du Vaisseau Gouverneur. De plus, il tonifie l'intestin grêle en été. Ce point aide à récupérer après un effort.

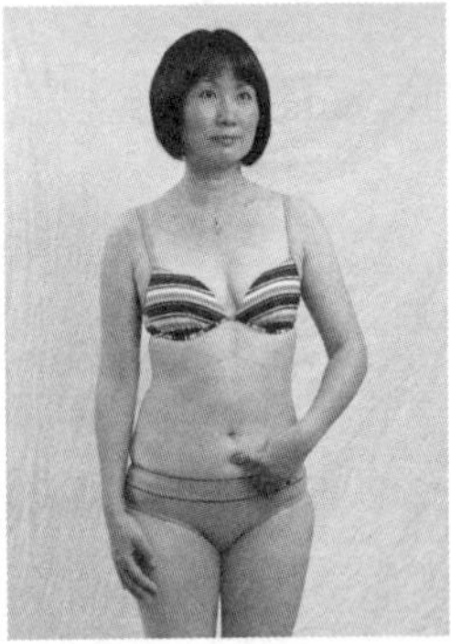

Le **6 VC** se situe sur la ligne médiane du ventre, à deux travers de doigt sous l'ombilic. Ce point tonifie tout le Yin.

6 Rt : voir ci-après.
36 E : voir page 166.
23 V : voir page 172.
7 Rn : voir page 171.

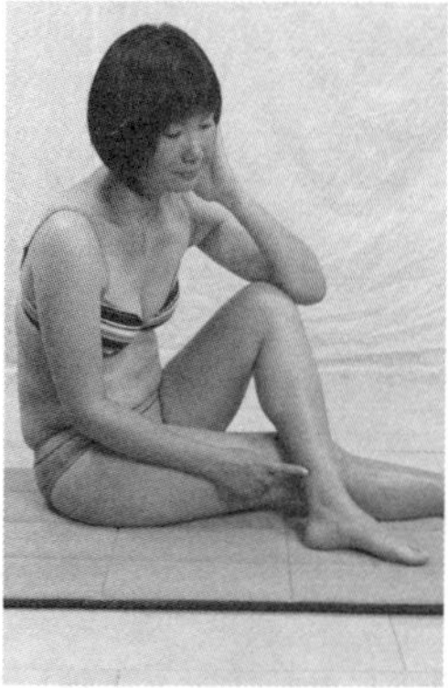	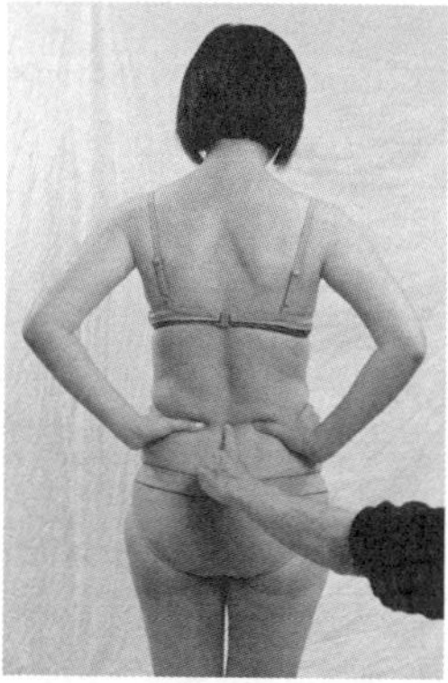
Le **6 Rt** se situe sur la face interne de la jambe, à quatre travers de doigt au-dessus de la malléole interne, derrière le tibia. C'est le point maître du sang.	Le **4 VG** se situe dans le creux des reins, entre les deuxième et troisième vertèbres lombaires, c'est-à-dire entre les deux 23 V. C'est un point important qui renforce tout le Yang et stimule les surrénales. Il peut réanimer un évanoui.

Calmer une colique

4 Rt – 6 MC – 2 F –

Le **2 F** se situe sur le pied, au sommet de l'angle que forment les deux premiers orteils écartés.

4 Rt : voir page 179.

6 MC : voir page 169.

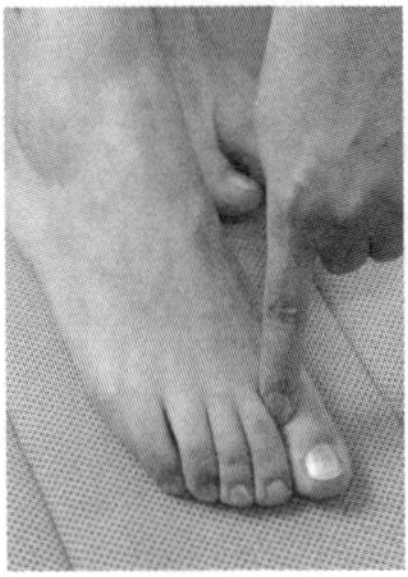

Pour calmer l'aérophagie

9 Rt –

Le **9 Rt** se situe sur la face interne de la jambe, sous le genou, contre l'angle osseux tibia/genou.

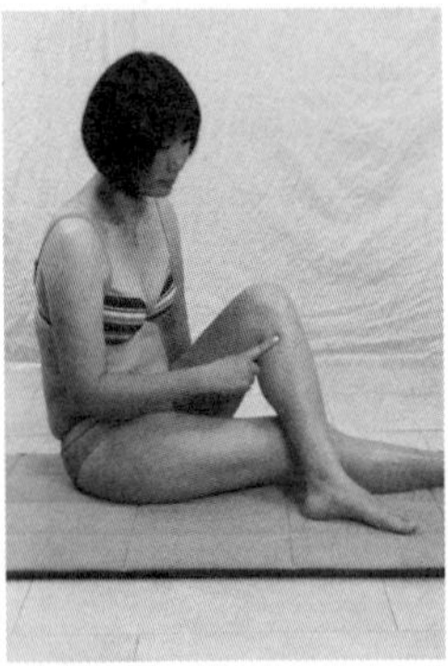

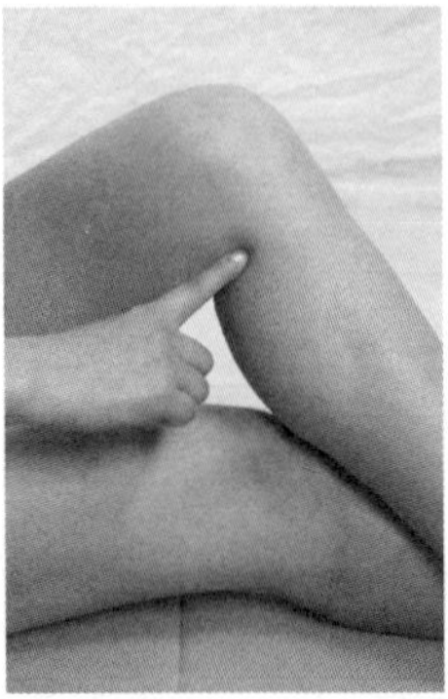

Pour favoriser le fonctionnement du pancréas

4 Rt – 6 MC – 13 F +

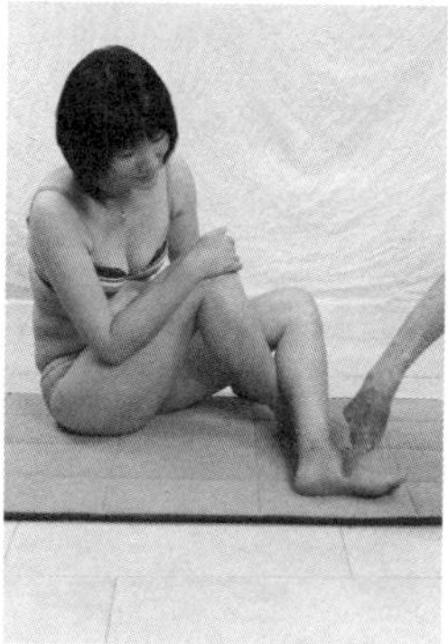

Le **4 Rt** se situe au centre du bord interne du pied, à la limite de la peau plantaire et de la peau dorsale, au sommet de la voûte plantaire, au niveau de l'articulation. Ce point est très important et le Créateur l'a doublé avec un point qui se situe avant la bosse de l'os qui précède l'articulation ; dispersez celui qui sera le plus sensible.

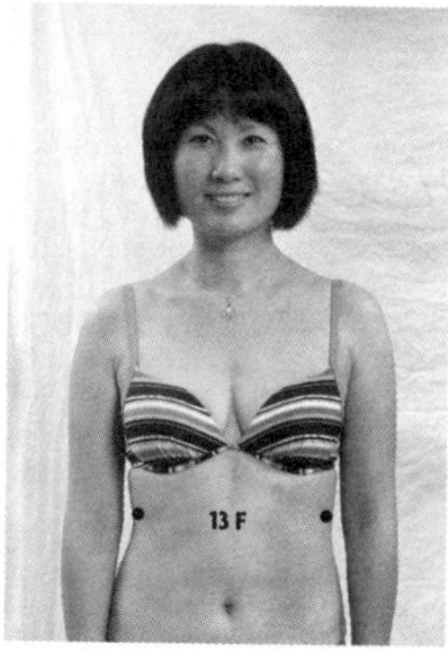

Le **13 F** se situe sur le côté, sous les côtes, devant la première côte flottante, c'est-à-dire au bout de la onzième côte.

6 MC : voir page 169.

Favoriser les fonctions de l'intestin grêle

3 IG + 4 VC + 27 V +

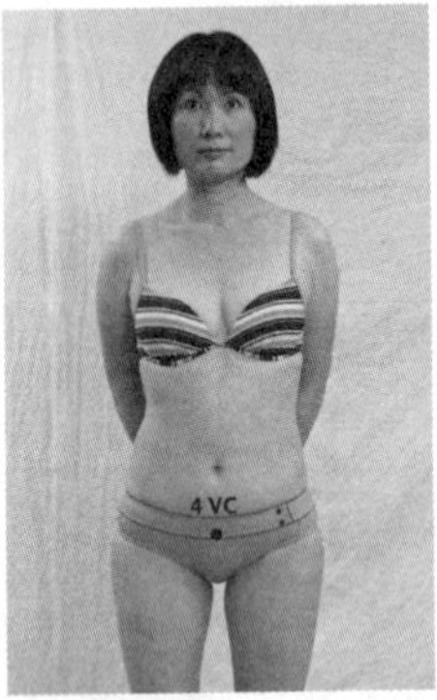

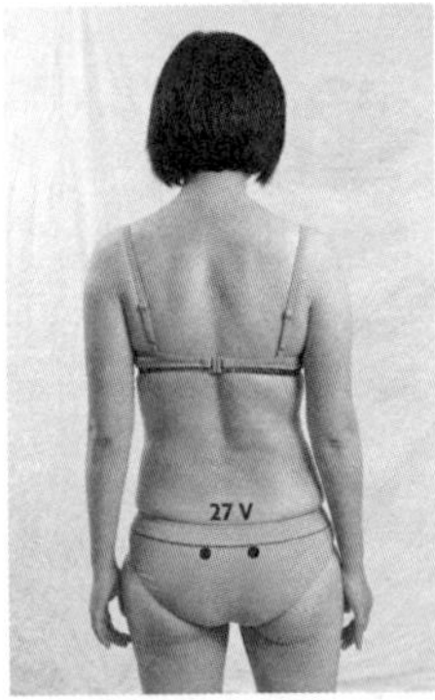

Le **4 VC** se situe sur la ligne centrale du Vaisseau Conception, à deux travers de doigt au-dessus de l'os pubien.

3 IG : voir page 176.

Le **27 V** se situe dans le bas du dos, à deux travers de doigt en dehors du premier trou sacré.

Pour retrouver son self-control

6 MC – 36 E + 6 Rt + 3 F –

6 MC : voir page 169.
36 E : voir page 166.
6 Rt : voir page 177.
3 F : voir page 168.

Calmer un mal de dos

62 V – 3 IG – 54 V–

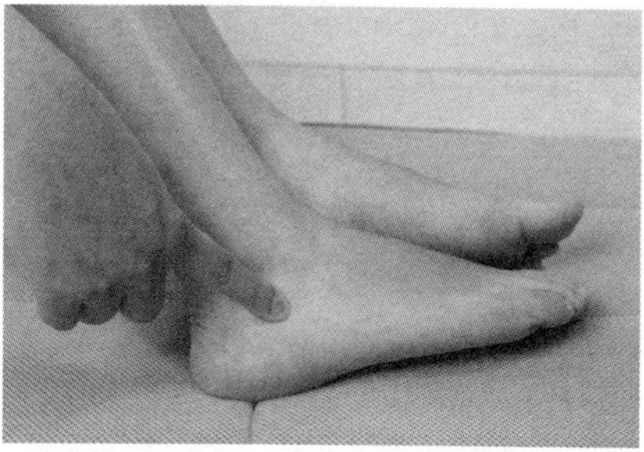

Le **62 V** se situe dans un petit creux, sous la malléole externe.

Le **54 V** se situe au centre du creux poplité (face postérieure du genou, dans la pliure).

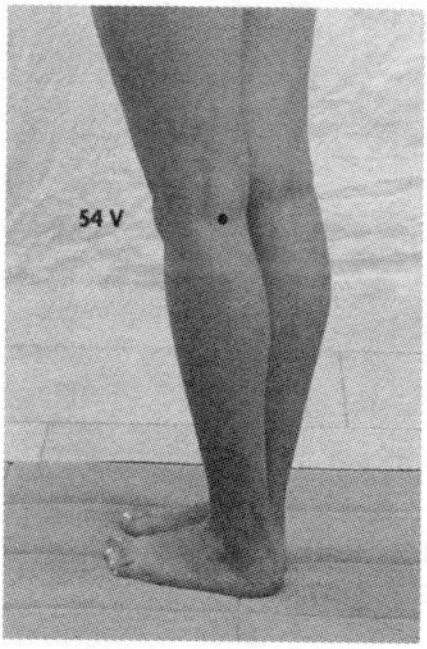

3 IG : voir page 176.

Lombalgie, sciatique

Les douleurs dans le bas dos avec ou sans prolongement de la névralgie derrière le membre inférieur (sciatique) sont souvent occasionnées par des intestins distendus qui compressent les nerfs rachidiens dans ce secteur.

Il suffit souvent de régler le problème intestinal pour soulager cette région lombaire et même quelquefois voir disparaître la lombalgie.

En digitopuncture, voici quelques points qui donnent d'excellents résultats.

Il s'agit de débloquer un Merveilleux Vaisseau qui fait le tour de l'abdomen : le *Tae Mo*. Cela consiste à disperser le 41 VB en commençant par le pied droit puis le pied gauche, continuez de même avec les 5 TR, en commençant par le bras droit puis le bras gauche, ensuite tonifiez les 26 VB d'abord sur le flanc droit puis gauche, et dispersez les 27 VB et 28 VB à droite puis à gauche ; le lendemain tonifiez les 24 VB et 25 E et dispersez les 54 V et 60 V.

En cas de sciatique derrière la cuisse, suivant le trajet du Méridien Vessie, et aboutit parfois au petit orteil :

- après avoir fait le *Tae Mo*, tonifiez du côté opposé à la sciatique les 67 V, 1 RN, 7 Rn ;
- puis dispersez du côté douloureux, 10 V, 54 V, 10 V ;
- terminez par la dispersion du 20 VG.

En cas de pseudo-sciatique, qui ne suit pas le nerf sciatique mais irradie sur le côté externe de la cuisse, suivant le trajet du Méridien Vésicule Biliaire, avec quelquefois un aboutissement au quatrième orteil :

- tonifiez du côté non douloureux les 44 VB, 40 VB, 1 F, 8 F ;
- du côté douloureux, dispersez : 5 F, 30 VB, 1 VB ;
- terminez en dispersant le 20 VG.

Le massage de ces points énergétiques sera d'autant plus efficace s'il est accompagné d'une alimentation adaptée à vos possibilités digestives, qui évite toute production de gaz intempestif, générateur de ballonnements et de toxines.

Pour retrouver l'emplacement et la description de ces points, et reportez-vous aux recettes qui se trouvent dans mon livre *L'énergie qui guérit*.

La loi des Cinq Éléments

Ceci n'est qu'un bref aperçu de la loi des Cinq Éléments. J'y ai consacré un livre entier : *Les messages du corps à travers la loi des Cinq Éléments*.

Dans le présent ouvrage, je me limiterai à ce qui concerne notre sujet : favoriser la digestion et retrouver un ventre plat.

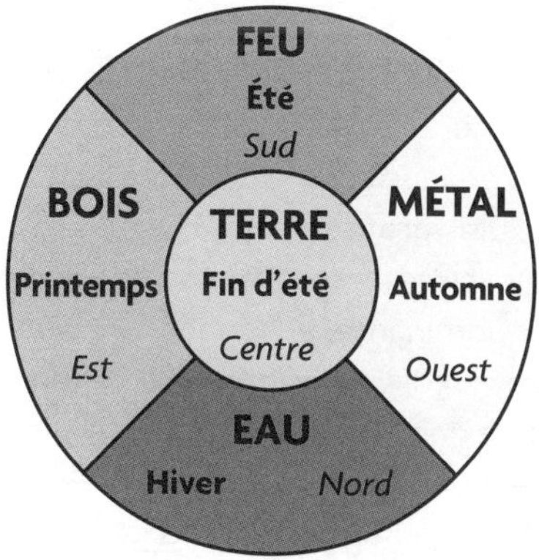

La loi des Cinq Éléments fait partie intégrante de la médecine chinoise.

C'est une loi fondamentale qui permet de mieux comprendre l'homme – microcosme dans le macrocosme – et ses rapports énergétiques avec les saisons, les lieux, les ambiances, les sons, les couleurs et surtout les saveurs des aliments.

Les Chinois situent chaque Élément dans une saison qui sera en correspondance avec un climat, une situation géographique, une couleur, une saveur et une fonction. Chaque Élément est représenté par un couple de Méridien et ses relations organiques et tissulaires.

La cinquième saison est une intersaison de 18 jours, plus particulièrement présente en **fin d'été**. Elle correspond à la **Terre** qui a besoin d'humidité pour produire nos aliments que nous digérerons, grâce aux sucs digestifs sécrétés par les glandes salivaires, stomacales et pancréatiques. C'est pourquoi les **Méridiens de l'Estomac** et de la **Rate-Pancréas (E, Rt)** se situent dans cet Élément. Nous y retrouverons également la fonction glycémique sous le contrôle du pancréas, pour que nos cellules profitent du glucose arrivant dans la **lymphe nourricière**, en provenance de la **digestion**.

La saveur dominante, en rapport avec l'arrivée indispensable de glucose pour produire l'énergie cellulaire au niveau de la centrale énergétique cellulaire (la mitochondrie), est une saveur **sucrée**.

Les couleurs **jaune, orange** de la fin d'été correspondent au déclin de l'ensoleillement qui perd progressivement de sa rougeoyance estivale.

Faisant suite à la fin d'été, l'**automne** sera en rapport avec les fonctions d'évacuation et de récupération.

L'énergie produite par ces fonctions circulera dans les **Méridiens du Poumon et du Gros Intestin (P, GI)**. Le poumon évacue le gaz carbonique et le gros intestin les selles. Le poumon récupère l'oxygène de l'air ; le gros intestin, les sels minéraux et l'eau produits par les glandes digestives : salive, suc gastrique, suc pancréatique, bile, suc intestinal. Cette récupération est vitale, son défaut peut entraîner la mort (ce qui est le cas dans la dysenterie et le choléra).

À noter que la **peau**, qui comme le poumon respire et élimine du gaz carbonique et bon nombre d'impuretés, trouve sa place dans cet Élément.

En automne les jours diminuent, le soleil à perdu sa puissance, la **couleur blanche** y est associée.

La saveur **piquante**, comme la moutarde qui monte au nez et fait éternuer ou le piment qui active le gros intestin, est située dans cet Élément Métal.

L'**hiver**, c'est la période d'hibernation, le corps en profite pour se débarrasser de ses impuretés, c'est le rôle des **Reins qui filtrent** constamment notre sang. Nos 5 litres de sang y passent plus de 300 fois par jour, autrement dit nos reins filtrent plus de 1500 litres de sang quotidiennement. Les urines ainsi produites seront stockées dans la poche **vessie**.

L'énergie produite par les reins, les surrénales et la vessie sera canalisée dans les **Méridiens Reins et Vessie (Rn, V)** qui se situent dans l'Élément **Eau**.

À noter que l'**audition**, qui dépend de la minéralisation de ses petits **os (enclume, étrier)** dépend également des hormones surrénaliennes, les minéralo-corticoïdes, entre autres.

L'eau, surtout des mers et des océans, est riche en **minéraux**, dont la saveur est **salée**. La saveur salée ne correspond pas forcément à ce que l'on pense habituellement. C'est ainsi que la viande de porc et de sanglier, la charcuterie, la morue salée, les fruits de mer, trouvent leur place dans cette saveur, ainsi que le sarrasin, le soja, les légumineuses, les algues.

Cette saveur est déconseillée en hiver car elle favorise la rétention d'eau, et encore davantage déconseillée chez les hypertendus.

En hiver les jours s'assombrissent et la couleur **noire** est de circonstance.

Le **printemps** annonce la renaissance. L'anabolisme est une fonction importante du **foie**, qui stocke et génère de nombreux éléments indispensables à la **régénération** cellulaire. De plus, le foie est chargé de neutraliser les poisons, son rôle de **détoxication** est indispensable à la continuité de l'existence.

La bile produite par le foie contient une partie des éléments résultant de cette désintoxication, elle sera stockée dans la poche **vésicule biliaire** en attente d'un signal digestif qui lui demandera de se déverser dans le duodénum, pour émulsionner les graisses, afin de les rendre digestibles par les sucs enzymatiques pancréatiques (la lipase).

La couleur de la bile à l'air est **verte**, couleur qui domine au printemps, dans les bois et les prairies.

La saveur **acide** est en rapport avec les fonctions hépatiques. Cette saveur peut être bénéfique au foie en automne et en été, mais nuisible au printemps, surtout s'il est fragile ; dans ce cas, il est déconseillé de consommer au printemps les aliments suivants : vinaigre, vin, bière, oranges, tomates, oseille, poulet, petit lait.

L'**été**, le soleil est au zénith, la couleur **rouge** domine, c'est celle du **sang** qui est pulsé par le **cœur** pour apporter les nutriments, en provenance de **l'intestin grêle**. Les énergies produites par le cœur et l'intestin grêle circuleront dans les **Méridiens** qui portent leur nom **(C, IG)**.

L'Élément Feu compte également deux autres Méridiens, en rapport avec des fonctions particulières :

- le Triple Réchauffeur **(TR)**, qui participe à l'autorégulation et la régulation automatique d'un mécanisme physiologique qui assure le maintien des différents paramètres biologiques, autrement dit l'homéostasie du corps. Il stocke les surplus énergétiques pour les redistribuer en fonction des besoins et assure ainsi la température corporelle, entre autres ;
- le Maître du Cœur **(MC)** participe également à l'homéostasie et par conséquent à l'autorégulation des différentes fonctions qui permettent la vie. C'est ainsi qu'il préserve le cœur, contrôle la microcirculation, la sexualité, les sentiments, les émotions.

Le TR et le MC sont en étroite collaboration avec le système nerveux végétatif.

La saveur en rapport avec l'Élément Feu est l'**amer**, comme le caramel, la Suze, le Campari, l'amaro, les artichauts, les pissenlits, la chicorée, les noix, l'orange amère, le café, le chocolat noir.

La saveur amère est préconisée en automne et un peu au printemps, mais totalement déconseillée en été chez une personne congestionnée, hypertendue, cardiaque.

Élément et fonction

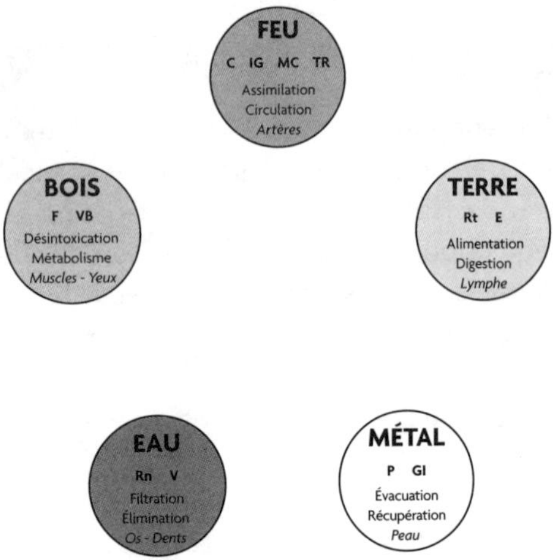

À chaque saison, une fonction principale et ses corollaires disposent d'un maximum d'énergie pour réaliser leurs travaux. Ils profitent du climat, de la saison et de tout ce qui en découle : luminosité, couleur, saveur, influence sur le comportement, le psychisme, l'activité, etc.

Par exemple, les récoltes sont plus abondantes en automne, c'est aussi à ce moment que la terre récupère les feuilles mortes, qui vont enrichir le sol. L'automne est également la période des fumures destinées à enrichir les terrains producteurs de légumes.

Parallèlement, notre corps dispose d'un système de récupération et d'évacuation attribué au gros intestin qui élimine les déchets solides après avoir récupéré les sels minéraux et l'eau des sucs digestifs : salive, suc gastrique, suc pancréatique, suc intestinal et la bile, soit plus ou moins 7 litres.

Le poumon récupère l'oxygène et rejette le gaz carbonique.

En automne, le Soleil a perdu sa rougeur, il blanchit petit à petit. La couleur blanche est attribuée au métal.

C'est la saison propice à la rêverie, au romantisme et quelquefois à la mélancolie. Un individu mélancolique, triste, manque certainement d'énergie Yang au niveau de cet Élément Métal, ils ont peut-être un gros intestin paresseux ou une insuffisance de défenses immunitaires au niveau des poumons. Pendant la période dite « romantique » de l'histoire de France, de nombreux écrivains, musiciens, poètes sont morts de tuberculose.

Cycle nourricier

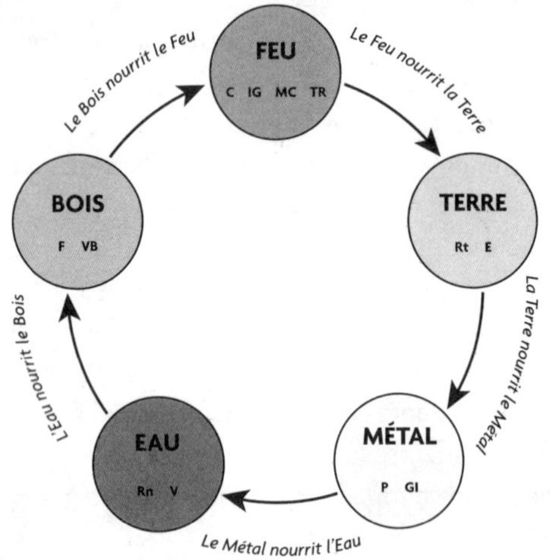

La saison ayant accompli sa tâche, elle cède sa prépondérance énergétique à la saison suivante. Il est dit que la Terre nourrit le Métal, le Métal nourrit l'Eau, qui nourrira le Bois, qui nourrira le Feu. Cela revient à dire que le Fils dépend de sa Mère : si la Mère nourrit bien son Fils, il aura moins de travail ; si ce n'est pas le cas, elle l'affectera.

Exemples :

- souvent, les infections urogénitales (cystites) sont produites par des colibacilles provenant du gros intestin ;
- lorsque le gros intestin (Métal) élimine toutes les impuretés qui peuvent s'y trouver, il favorise le travail de filtrations des reins (Eau) ; grâce à une bonne filtration rénale, les poisons et autres

toxines n'iront pas au foie (Bois), le foie pourra mieux réaliser son travail d'épuration du sang et permettre à celui-ci d'être plus fluide, favorisant alors les fonctions cardiovasculaires (Feu).

Cycle de tempérance

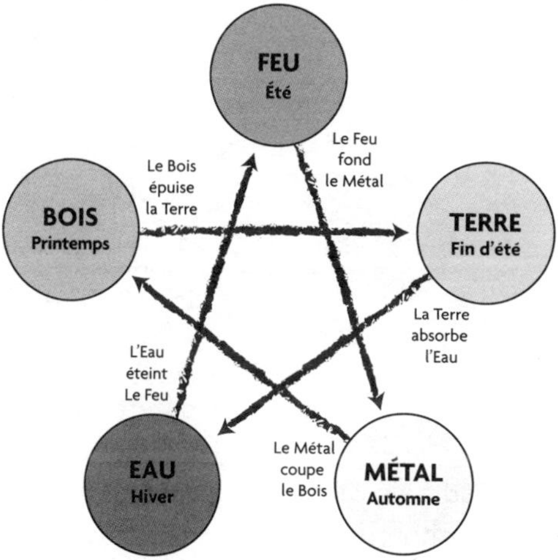

Pour éviter l'emballement du cycle nourricier, nous disposons d'un cycle de contrôle qui permet d'éviter l'abus de pouvoir des fonctions disposant d'une supériorité énergétique saisonnière.

Mais ce cycle de tempérance peut lui aussi devenir agressif. Il agresse la saison qu'il devait protéger : il est dit que le Métal coupe le Bois, la Terre absorbe l'Eau, le Feu fond le Métal, le Bois épuise la Terre. Il convient alors de tempérer l'impétuosité de l'élément agressif par des aliments de saveur appropriée.

Considération pratique des cycles

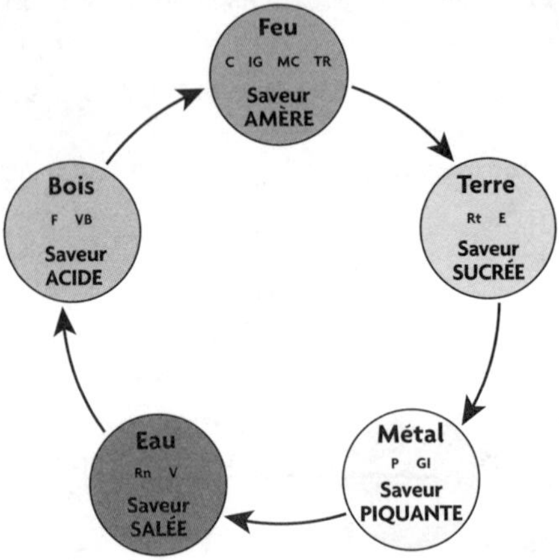

En considération du fait que tout est énergie, il est donc raisonnable de tenir compte des différentes interrelations.

Dans le cadre de l'alimentation, les saveurs tiennent une place de choix. Il conviendra donc de les utiliser à bon escient. Par exemple, il sera déconseillé de manger des aliments de saveur acide au printemps si vous avez un foie fragile. Il supportera mal cet excès d'énergie, surtout s'il est déjà en excès ; dans ce cas, les aliments de saveurs piquantes sans excès conviendront. On dit alors que le Métal (saveur piquante) tempère le Bois, mais prise en excès, ces saveurs peuvent agresser le foie ; dans ce cas le Métal coupe le Bois. Quoi qu'il en soit, la saveur de l'Élément précédent est souvent souhaitable, car « l'accouchement a épuisé la Mère », qui a besoin de récupérer.

Conclusion. Il est préférable d'éviter la saveur correspondant à la saison si les organes de cette saison sont fragiles ou ont une tendance à l'excès. Il faut préférer la saveur correspondante à la saison précédente, ou à la saison suivante, ou à la saison qui tempère. Avec un peu d'habitude et de ressenti, on peut facilement retirer un grand bienfait de ces considérations.

Vivre en conformité avec les saisons

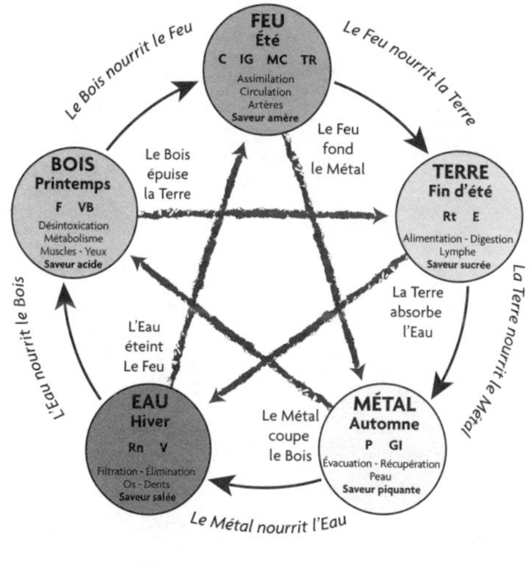

La loi des Cinq Éléments considère donc qu'une saveur est en rapport avec chaque saison : le piquant en automne, le salé en hiver, l'acide au printemps, l'amer en été, le sucré à la fin de l'été.

Cette saveur apportera un surcroît énergétique à la fonction en rapport avec son Élément, c'est-à-dire pour le Métal les fonctions du Poumon et du Gros

Intestin, en hiver des Reins-surrénales et de la Vessie, au printemps du Foie et de la Vésicule Biliaire, en été du Cœur, de l'Intestin Grêle, du Maître du Cœur et du Triple Réchauffeur, en fin d'été de la Rate-Pancréas et de l'Estomac.

Autrement dit, la saveur acide peut être favorable à une fonction défaillante, ce qui arrive souvent dans la saison qui suit sa propre saison, par exemple en été pour le Foie qui était en maximum énergétique au printemps. Par contre, cette saveur lui était totalement déconseillée au printemps. Il en sera ainsi pour chaque saveur à chaque saison : pas d'amer en été pour le Cœur, pas de sucré en fin d'été, pas de piquant en automne, pas de salé en hiver.

CHAPITRE IV –
SOIGNER ET SOULAGER LE VENTRE

Estomac distendu

On s'en aperçoit désagréablement par des renvois d'air buccaux après les repas.

De plus, l'étirement exercé sur les ligaments suspenseurs de l'estomac crée des tiraillements au niveau du foie, de la rate, du diaphragme, perturbant leur fonctionnement et contribuant à la ptose du côlon transverse. On y remédie par l'hygiène physique et alimentaire, éventuellement le nettoyage de l'estomac.

Que faire pour soigner son estomac distendu ?

Hygiène alimentaire

- Mâcher lentement et totalement vos aliments qui doivent être réduits en bouillie : votre estomac n'a pas de dents !
- Boire en dehors des repas, très peu en mangeant, car cela dilue les sucs gastriques.
- Ne pas grignoter entre les repas, c'est très important. L'estomac a aussi besoin de repos.
- Favorisez votre digestion en évitant les mélanges incompatibles, les repas gras, lourds. Mangez peu et léger, surtout le soir.

- Les fruits seront consommés seuls dans le milieu de l'après-midi.
- Ne mangez jamais debout, cela favoriserait la descente organique.
- Si vous le pouvez, couchez-vous après le repas pour que le bol alimentaire ne pèse pas sur l'estomac. Restez allongés une heure si possible.

Un abdomen proéminent cache souvent un estomac distendu et pstosé avec pstose du côlon transverse.

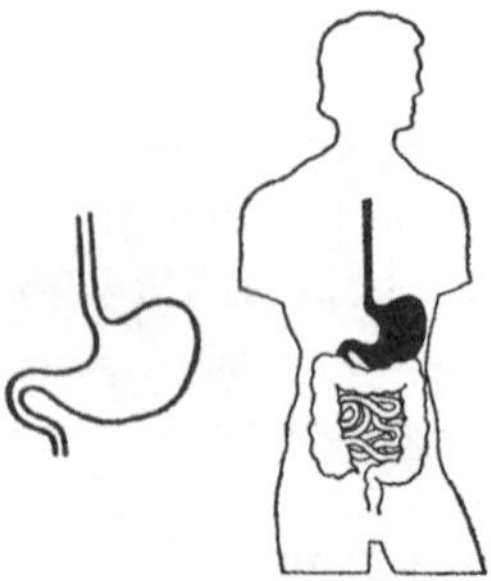

Estomac normal.

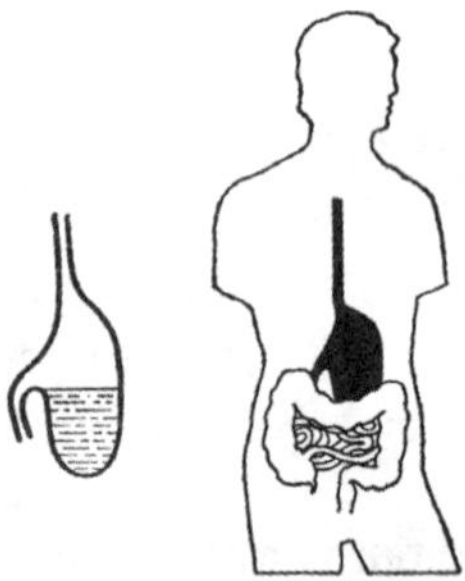

Estomac pstosé qui ne se vide jamais complètement.

Les résidus s'acidifient et provoquent des aigreurs, flatulences, dyspepsies.

Hygiène physique

Faites chaque jour des exercices abdominaux, couché au sol ou sur une planche inclinée. Voir pages 276 à 284.

Nettoyage de l'estomac – Vamana Dhanti

C'est un procédé yogique qui consiste à boire 1 litre d'eau salée tiède, puis à la rejeter.

Technique (se pratique à jeun) :

1. Position accroupie, fesse à quelques centimètres du sol, près des talons : genoux écartés dégageant l'estomac. Boire dans cette position un bon litre d'eau salée tiède, sans interruption, jusqu'à ce que votre estomac soit plein.
2. L'estomac plein, redressez-vous, expirez, rentrez votre ventre au maximum, comme si vous vouliez l'avaler ; puis relâchez en inspirant. Recommencez une dizaine de fois.
3. Rejet : le tronc horizontal, c'est-à-dire penché en avant à 90° par rapport aux membres inférieurs, rentrez le ventre au maximum en appuyant dessus avec la main gauche sur l'estomac. Introduisez dans l'arrière-gorge les trois doigts joints (index, médium, annulaire) jusqu'à déclencher le réflexe vomitif. Continuez tant qu'il sortira de l'eau en vous reposant entre chaque rejet. Quand vous aurez tout vidé, absorbez un verre d'eau fraîche pour vous rincer, et reposez-vous quelques minutes. Ne rien absorber avant au moins une demi-heure. À présent vous pouvez vous relaxer ou pratiquer votre séance de yoga.

Fréquence. Si vous pouvez, chaque jour, pendant 3 semaines, puis 3 fois par semaine pendant 2 semaines et 2 fois pendant 2 autres semaines, et ensuite 1 fois pendant quelques semaines.

Résultats. Vous serez surpris des résultats obtenus : finies les aigreurs, flatulences, éructations, digestions lentes et fastidieuses, lourdeurs d'estomac. Vous aurez franchi une étape capitale vers le ventre plat.

Les différents rapports avec le foie

Vous êtes en ce moment en excès de Yang du foie si :

1. il vous arrive d'avoir une douleur ou une sensibilité sur le trajet des Méridiens du Foie et de la Vésicule Biliaire (migraine, hanche, partie latérale de la jambe, du cou-de-pied, du quatrième ou du gros orteil) ;
2. vous n'aimez pas spécialement la couleur verte ;
3. vous êtes très combatif et vous ne supportez pas d'être contrarié ;
4. vous avez de la tension artérielle ;
5. en général vous avez une bonne vue ;
6. néanmoins il peut vous arriver d'avoir des vertiges, des troubles oculaires ;
7. vous ne supportez pas d'être indisponible, malade et vous n'aimez pas attendre ;
8. vous êtes du genre combatif et le travail ne vous fait pas peur, vous aimez l'action ;
9. vous faites confiance surtout à vous-même et craignez de déléguer ;
10. ... vos ongles sont fins et cassants ;
11. il vous arrive de vous réveiller la nuit vers 3 heures et vos yeux sont secs ;
12. vous êtes sujet au syndrome prémenstruel ;
13. vos règles sont prolongées au printemps ;

14 . vous digérez mal les graisses, le vin blanc surtout s'il contient des sulfites, car le soufre ne vous convient pas ;
15. vous êtes sensible aux odeurs ;
16. en cas de colère, il vous arrive de crier ;
17. vous êtes actif dès le matin ;
18. vous êtes allergique au printemps, au rhume des foins ;
19. vous êtes sujet à la conjonctivite ;
20. vous n'aimez pas avoir tort et supportez mal les contrariétés ;
21. .... il vous arrive d'avoir des crampes.

Si vous répondez oui à 10 de ces questions pour les femmes et 9 pour les hommes, évitez les aliments à saveur acide, préférez les aliments amers et éventuellement piquants pour soutenir l'Élément Métal (c'est-à-dire les Méridiens du Poumon et du Gros Intestin) afin qu'il ne soit pas méprisé par le Bois (représenté par les Méridiens du Foie et de la Vésicule Biliaire) habituellement contrôlé par l'Élément Métal (suivant la loi des Cinq Éléments).

Il vous faudra aussi préserver la Terre (représentée par les Méridiens de l'Estomac et de la Rate-Pancréas) que le Bois soumet, il exagère son contrôle (on dit que le Bois épuise la Terre).

Les aliments à saveur acide (à éviter au printemps si le foie et trop yang) : vinaigre, citron, orange, vin, tomate, oseille, lait fermenté, kéfir, cassis, fraise, prune, sésame, poulet, œuf.

Les aliments à saveur amère (ils sont conseillés au printemps ; de plus ils sont tonicardiaques) : dents-de-lion (pissenlits), endives, artichaut, salade frisée, asperge, chicorée, chou-rave, orange amère, café, chocolat noir, gentiane, quinquina, canard, agneau.

Les aliments à saveur salée (conseillés au printemps car le sel neutralise l'acide, mais à éviter si vous êtes sujet aux maux de tête) : eau de Vichy, algues, soja, haricots azukis, châtaignes, lentilles, crevettes, fruits de mer, moules, huîtres, morue salée, porc, charcuterie, jambon, noix de cajou.

Les aliments à saveur piquante (favorisent la montée de l'énergie ; sont tolérés mais déconseillés si vous transpirez beaucoup et si le soir vous faites de l'insomnie et si vous avez de la tension dans les épaules) : poivre, moutarde, curry, piment, clou de girofle, alcool, gingembre, radis noir, poireau, navet, radis, ail, oignon cru, menthe, millet, lapin, cheval.

Le foie s'exprime dans les ongles

Un ongle incarné au gros orteil exprime une souffrance du foie. La déformation de l'ongle du petit orteil signal un problème de vésicule biliaire.

Foie Yang = ongles fins et cassants.

Foie Yin = ongles épais ou striés.

Vertige

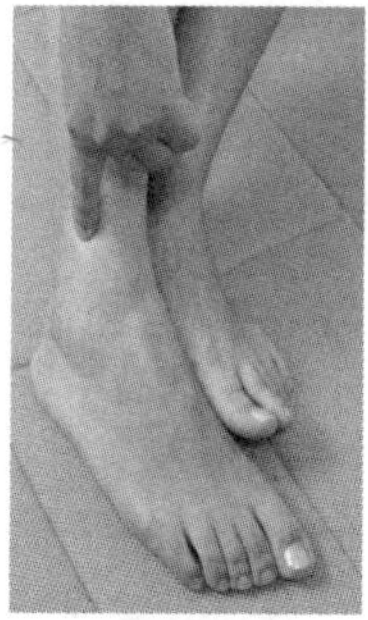

Vertige au moment d'activités = trop de Yang dans le foie
Disperser le Yang : 2 F – 3 F – 38 VB – 40 VB –

Le 38 VB se situe sur la face externe de la jambe, à quatre travers de doigt au-dessus de la malléole, contre le péroné.
2 F : voir page 178.
3 F : voir page 168.
40 VB : voir page 168.

Vertige en se levant ou se couchant = insuffisance de Yang
Tonifier le Yang : 1 F + 8 F + 14 F +
1 F : voir page 170.
8 F : voir page 170.
14 F : voir page 171.

Cholécystite

2 F – 3 F – 40 VB – 38 VB –

La cholécystite est souvent provoquée par un calcul biliaire qui obstrue ou irrite les canaux biliaires ou la vésicule. C'est un phénomène Yang.

La dispersion des 2 F, 3 F, 40 VB, 38 VB fait quelquefois merveille, mais c'est surtout la cure de nettoyage du foie qui sera le plus approprié.
2 F : voir page 178.
3 F : voir page 168.
40 VB : voir page 168.
38 VB : voir page 201.

Allergie

7 Rn + 8 F +

Une insuffisance d'énergie du foie et des reins favorise les phénomènes allergiques. Tonifiez le 7 Rn et le 8 F.

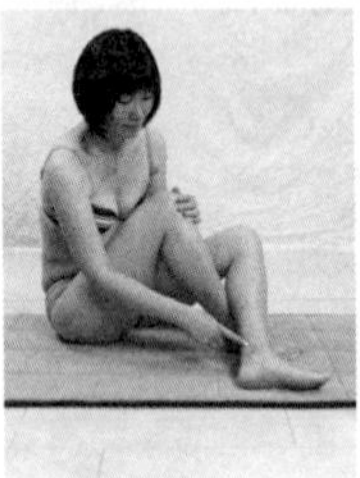

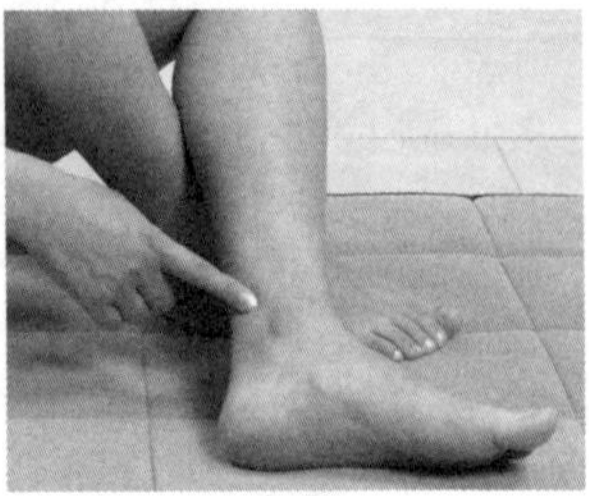

Le **7 Rn** se situe sur la face interne de la jambe, à deux travers de doigt au-dessus de la malléole interne (os de la cheville), juste devant le tendon d'Achille.
8 F : voir page 170.

Les points pour calmer le Bois au printemps

1 F – 2 F – 3 F – 41 VB – 38 VB –

1 F : voir page 170.
2 F : voir page 178.
3 F : voir page 168.
38 VB : voir page 201.

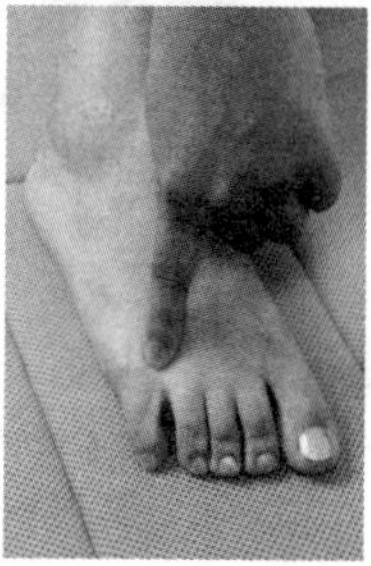

Le **41 VB** se situe sur le pied, au sommet de l'angle que forment les deux derniers métatarsiens écartés.

Les points pour affermir le Métal au printemps

1 P + 9 P + 4 GI + 11 GI + 25 E +

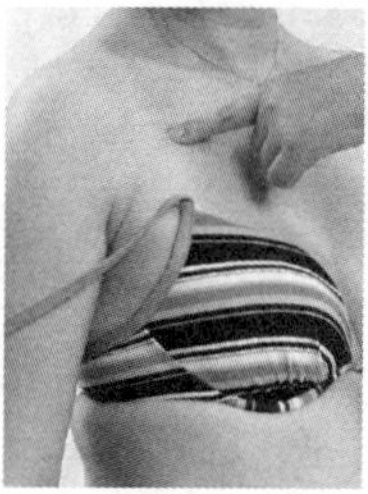

4 GI : voir page 169.
11 GI : voir page 170.
25 E : voir page 172.

Le **1 P** se situe sur le thorax, à deux travers de doigt sous la clavicule, sur le bord supérieur de la deuxième côte.

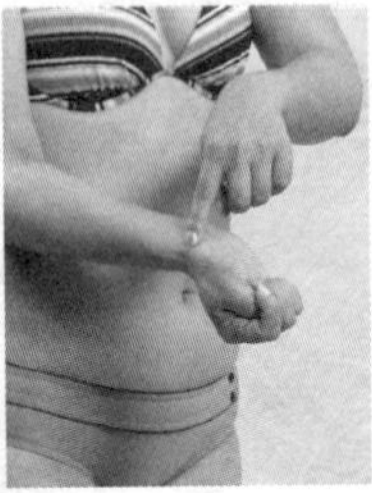

Le **9 P** se situe sur le pli du poignet, dans la gouttière radiale, là où l'on sent battre l'artère.

Les points pour préserver la Terre au printemps

3 Rt + 9 Rt + 36 E + 12 VC +

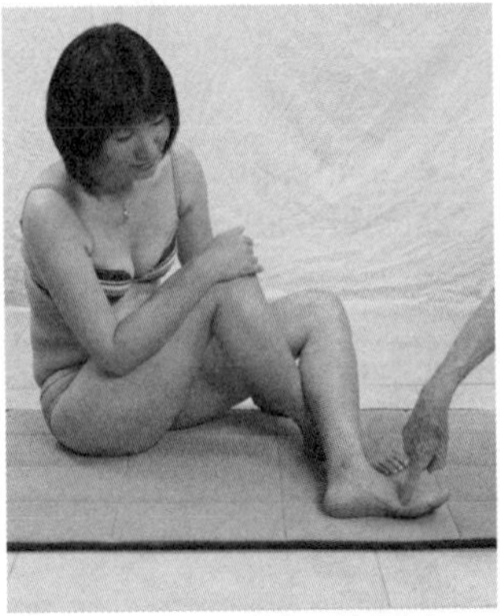

Le **3 Rt** se situe sur le bord interne du gros orteil, juste après la bosse articulaire.

9 Rt : voir page 178.

36 E : voir page 166.

12 VC : voir page 166.

Les points pour tonifier le foie au printemps

1 F + 8 F + 41 VB + 43 VB +

Le **41 VB** se situe sur le pied, au sommet de l'angle que forment les deux derniers métatarsiens écartés.
Le **43 VB** se situe sur le pied, dans le dernier espace interdigital.
1 F : voir page 170.
8 F : voir page 170.

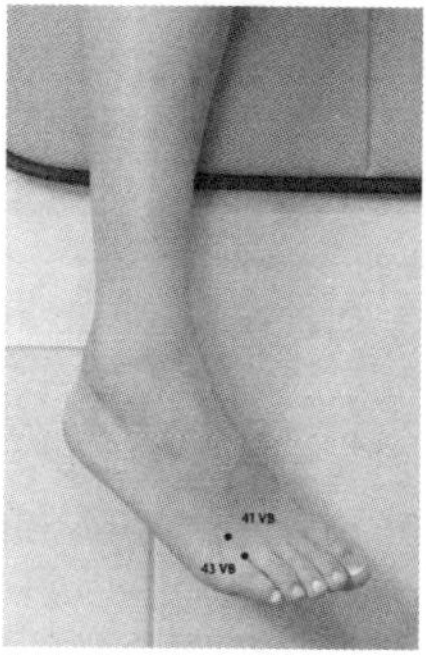

Les points pour consolider l'énergie du foie

1 F + 14 F + 18 V + 41 VB + 24 VB + 19 V +

Le **18 V** se situe sur le dos, de chaque côté de la colonne vertébrale, au niveau de la neuvième et dixième dorsale, à l'horizontale de la pointe de l'omoplate.
Le **19 V** se situe sur le dos, de chaque côté de la colonne vertébrale, au niveau de la dixième et onzième dorsale.

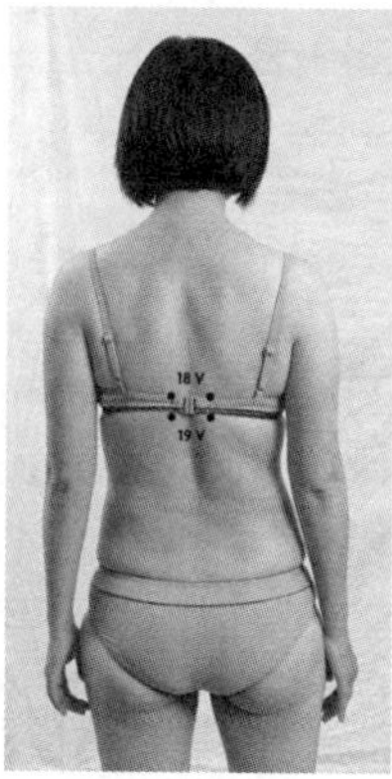

1 F : voir page 170.
14 F : voir page 171.
41 VB : voir page précédente.

Rapports muscles/tendons/foie

Nos muscles ont constamment besoin de sang oxygéné, riche en glucose et nutriments. Ces apports sont sous la dépendance du foie. En cas d'insuffisance, les muscles perdent de leur tonicité et s'atrophient. Les crampes musculaires sont le résultat d'une anomalie à ce niveau.

Pour favoriser le tonus musculaire

Tonifier 8 F + , 14 F + et 34 VB +

Le 8 F se situe sur la face interne dans le pli du genou, contre l'articulation.

Le 14 F se situe sur la poitrine, sous le mamelon, légèrement décalé vers la ligne médiane, à deux espaces intercostaux en dessous.

Le 34 VB se situe sur le genou externe, en dessous de la petite bosse de la tête du péroné.

Pour calmer une crampe

Disperser 2 F, 3 F, 34 VB

Le 2 F se situe sur le pied, au sommet de l'angle que forment les deux premiers orteils écartés.

Le 3 F se situe sur le pied, au sommet de l'angle que forment les deux premiers métatarsiens écartés.

Le 34 VB se situe sur le genou externe, en dessous de la petite bosse de la tête du péroné.

Les yeux

« Le foie fleurit dans les yeux. »

La vue est sous la dépendance d'éléments nourriciers apportés par un sang riche (vitamine A) et fluide, et de six petits muscles striés, dont le rôle est non seulement de permettre le mouvement des yeux, mais aussi de maintenir la forme sphérique du globe oculaire.

Yang du foie en excès = yeux secs, conjonctivite, glaucome aigu, photophobie.

Insuffisance de Yang = yeux larmoyants, myopie, hypermétropie, cataracte.

Les porteurs de lunettes sont souvent de constitution Bois en insuffisance de Yang.

Les bons points pour les yeux

1 F + 8 F + 14 F + 37 VB –

1 F : voir page 170.
8 F : voir page 170.
14 F : voir page 171.

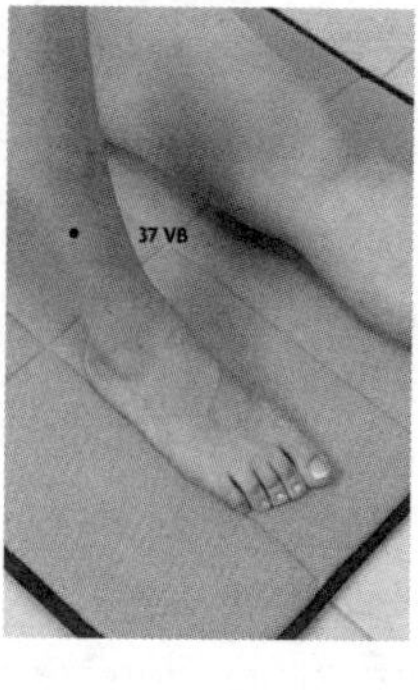

Le **37 VB** se situe sur la face externe de la jambe, devant le péroné, à cinq travers de doigt de la malléole externe.

Vue trouble

39 VB + 3 F – 1 VB – 37 VB –

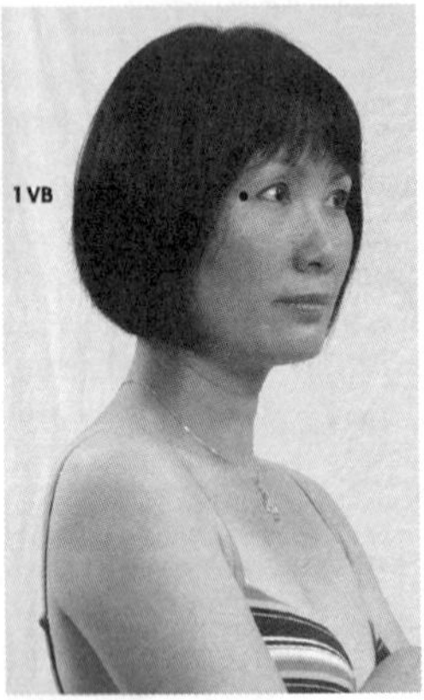

Le **1 VB** se situe à l'angle externe du coin de l'œil, sur l'os.
3 F : voir page 168.
37 VB : voir page précédente.

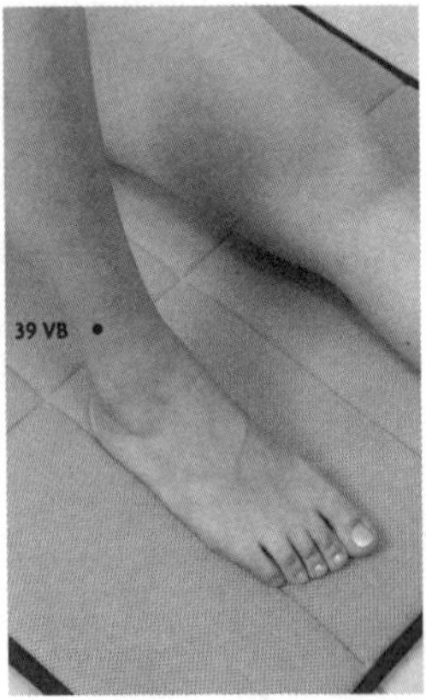

Le **39 VB** est situé sur la face externe de la jambe, à deux travers de doigt au-dessus de la malléole externe, contre l'os péroné.

Circulation du sang

La qualité du sang, du cholestérol, des artères des veines dépend du foie.

Chaque minute, 1500 ml de sang viennent se détoxiquer et s'enrichirent de substances vitales pour nos cellules.

Il suffit d'une déficience physiologique du foie dans cette tâche pour que le sang s'épaississent, le mauvais cholestérol augmente, les vaisseaux s'encrassent, et qu'ils perdent leur élasticité.

Varice, hémorroïdes

Un foie congestionné ne favorise pas le retour sanguin par la veine porte. La congestion s'installe en aval et favorise la dilatation des veines.

Les points pour favoriser la circulation veineuse

1 F + , 2 F + , 3 F + , 8 F + , 5 Rt –

Le 1 F se situe à la base de l'ongle du gros orteil, du côté du deuxième orteil.

Le 2 F se situe sur le pied, au sommet de l'angle que forment les deux premiers orteils écartés.

Le 3 F se situe sur le pied, au sommet de l'angle que forment les deux premiers métatarsiens écartés.

Le 8 F se situe sur la face interne dans le pli du genou, contre l'articulation.

Le 5 Rt se situe sur le cou-de-pied, en avant de la malléole interne, dans un creux formé par deux tendons, qui apparaît en portant le pied vers l'intérieur.

Problèmes menstruels

Un excès de Yang dans le foie épuise la rate et favorise l'hémorragie, les règles abondantes.

Pour calmer des règles trop abondantes

Disperser 2 F, 3 F et tonifier 6 Rt, 9 Rt.

Le 6 Rt se situe sur la face interne de la jambe, à quatre travers de doigt au-dessus de la malléole interne, derrière le tibia. C'est le point maître du sang.

Le **9 Rt** se situe sur la face interne de la jambe, sous le genou, contre l'angle osseux tibia genou.

Le **2 F** se situe sur le pied, au sommet de l'angle que forment les deux premiers orteils écartés.

Le **3 F** se situe sur le pied, au sommet de l'angle que forment les deux premiers métatarsiens écartés.

En cas d'aménorrhée ou d'insuffisance de règle

Tonifier **8 F, 14 F, 18 V**. Disperser **6 Rt**.

Le **8 F** se situe sur la face interne dans le pli du genou, contre l'articulation.

Le **14 F** se situe sur la poitrine, sous le mamelon, légèrement décalé vers la ligne médiane, à deux espaces intercostaux en dessous.

Le **6 Rt** se situe sur la face interne de la jambe, à quatre travers de doigt au-dessus de la malléole interne, derrière le tibia. C'est le point maître du sang.

Le grand nettoyage du foie et de la vésicule biliaire

Régénération du foie et de la vésicule biliaire

Après plus d'un demi-siècle de pratique et de tests énergétiques aux quatre coins de la planète, j'ai enfin compris pourquoi le Méridien de la Vésicule Biliaire était presque toujours en excès chez 90 % de mes patients.

Il faut tout d'abord se rappeler que l'énergie qui circule dans le Méridien de la Vésicule Biliaire provient essentiellement du travail des cellules hépatiques impliquées dans l'élaboration de la bile. La fabrication de la bile est une des fonctions importantes du foie.

La vésicule biliaire n'est que le lieu de stockage et d'expulsion de celle-ci le moment propice. Sa participation énergétique est donc mineure par rapport à l'importante tâche de fabrication attribuée au foie. Ce qui explique que l'exérèse de la vésicule biliaire ne diminue que peu l'énergie dans ce Méridien. Que se passe-t-il dans le foie ?

Le foie est constitué de 60 % de cellules hépatocytes et 40 % de cellules de Kupffer (macrophages qui phagocytent les particules étrangères arrivant de l'intestin avant qu'elles ne gagnent la circulation générale). Les cellules de Kupffer se baladent dans le foie pour le purifier, elles engloutissent et absorbent cellules mortes, protéines insuffisamment digérées, levures, virus, bactéries, parasites. En cas de surcharge toxinique, elles sont débordées et le signalent par des maux de tête et de la fatigue. Les hépatocytes secrètent quotidiennement environ 1 litre de bile.

La bile sécrétée se compose de 97,5 % d'eau, 1,1 % de sels biliaires, 0,04 % de bilirubine, 0,1 % de cholestérol, 0,04 % de lécithine. Ces composants seront concentrés dans la vésicule biliaire avec 5 % d'eau en moins.

Des calculs dans les voies biliaires du foie et de la vésicule biliaire entravent sa production et sa distribution, il en résulte une moins bonne digestion des graisses, mais aussi des intestins insuffisamment aseptisés, favorables à la fermentation et à la putréfaction, donc propices aux développements des pathogènes : mycoses, bactéries, parasites, créant ballonnements, constipation ou diarrhée, allergies, toxines, migraines, fatigue.

Un foie constamment irrité, entravé dans ses fonctions par la gêne de ces calculs, est de moins en mois fonctionnel, le corps dépérit petit à petit. Le sang s'épaissit, le taux de cholestérol augmente, le sang coule plus lentement, la tension artérielle augmente, les risques cardiovasculaires aussi.

Il y a encore de nombreuses raisons toutes aussi importantes de débarrasser notre foie de ces épines irritatives.

Les signes relatifs à des problèmes hépatiques mineurs

La plupart des problèmes hépatiques apparents sont aigus et de courte durée : crise de foie, migraine, nausée, constipation, ballonnement, gueule de bois, grande fatigue.

Quelquefois, nous ressentons un besoin insatiable de manger, car une insuffisance de bile occasionnée par l'obstruction partielle des canaux biliaires réduit la capacité des enzymes pancréatiques à digérer les graisses, les glucides et les protéines, et par là même il s'ensuivra une diminution d'absorption de nutriments au niveau de l'intestin grêle.

Biologiquement

Les analyses ne révéleront des signes pathologiques que plus tard, c'est-à-dire quand les cellules hépatiques auront été endommagées et qu'elles laisseront passer leurs enzymes intracellulaires ; c'est alors que les taux de lipides, de triglycérides et de transaminases augmenteront.

Physiologiquement

Les signes physiologiques précèdent les signes biologiques.

Certains aliments sont mal tolérés, la digestion n'est pas optimale. Des maux de tête et de la fatigue inexpliquée font leurs apparitions de temps en temps. Le système immunitaire déraille et l'allergie s'installe. Quelquefois une maladie auto-immune se signale.

La ventripotence s'installe, car les toxines que le foie surchargé ne peut éliminer seront déposées dans la graisse qui s'accumule autour du ventre pour protéger le foie et le pancréas. Dans la loi des Cinq Éléments, on dit que le Bois épuise la Terre. Le sujet métabolise mal les glucides, c'est pourquoi il y a de plus en plus de personnes atteintes d'hypo ou d'hyperglycémie et de prédiabète de type 2.

Un foie perturbé laisse passer dans la circulation de grandes quantités de métabolites toxiques qui vont se traduire par des inflammations articulaires, des difficultés de concentration, éventuellement de la dépression.

Il y a des moyens naturels de s'opposer à ces éventuels problèmes.

Une chance nous est offerte

Les cellules hépatiques ont une durée de vie d'environ 300 à 500 jours et se renouvellent constamment.

Grâce aux fantastiques capacités de régénération du foie, des cellules nouvelles remplaceront rapidement les cellules défectueuses.

Des expériences en laboratoire ont permis de constater qu'après ablation de 70 % de la masse hépatique chez le rat, celui-ci avait récupéré sa masse perdue en moins de 3 semaines. Il faudra 8 semaines chez le chien et 4 mois chez l'homme. On a constaté que la régénération anatomique s'accompagne d'une régénération fonctionnelle tout aussi rapide.

La nature fait bien les choses ! Profitons-en intelligemment.

1. Ne l'empoisonnons plus.
2. Nettoyons-le.
3. Reconstruisons-le sainement.

C'est la cure que je vous propose. C'est une cure hygiénique qui n'a pas la prétention de remplacer le médecin, ni de soigner de graves maladies, mais peut-être de les éviter et surtout de vous sentir au mieux de votre forme.

Profitez de l'opportunité que nous offre le printemps.

Respectez le protocole à la lettre, c'est la clef du succès.

Évitez la cure si vous avez une insuffisance rénale. Demandez conseil à votre médecin si vous avez des problèmes de santé.

Commencez par éviter pendant la cure, et en fonction de vos possibilités, tout ce qui empoisonne ou dérange le foie : produits chimiques, alcool, tabac, drogue, lait, yaourt, fromage, crème, gluten, sucre, Coca-Cola et autres boissons sucrées, charcuterie, viande grasse, viande rouge, chocolat, café et tous les aliments intolérants.

Buvez au moins un litre d'eau pure par jour.

Veillez à votre hygiène intestinale, car les éléments pathogènes en provenance de celui-ci surchargent le foie.

Facilitez la digestion en évitant les boissons et les aliments froids.

Mangez peu, mâchez plus, pas de grignotage entre les repas.

Le soir, une bonne soupe sera la bienvenue.

Vous avez besoin de :

- 8 litres de jus de pommes (bio si possible) ;
- 60 g de sulfate de magnésium, qu'il faudra délayer avec 720 ml d'eau ;
- 3 pamplemousses roses ;
- 1 bouteille d'huile d'olive (bio si possible).

Voici le programme :

Il comporte trois phases.

1. Une préparation qui dure douze jours.
2. Deux journées d'élimination.
3. Une phase de régénération à durée variable suivant le cas.

Préparation :

Vous pouvez changer les dates, mais essayez de faire en sorte que la phase de nettoyage se réalise pendant la Nouvelle Lune, qui est favorable à l'élimination des indésirables. *Voici une suggestion.*

Pour 2014, en considération que la Nouvelle Lune se situe le 30 mars, le 29 avril, le 28 mai, le 27 juin, le

26 juillet, le 25 août, le 24 septembre, le 23 octobre, le 22 novembre, le 22 décembre, je commence donc 12 jours avant la date choisie. Exemple : si j'ai décidé de faire ma cure de détox en mars, alors je commence le 19 mars ; au mois d'avril, ce sera le 18 avril, en mai le 17 mai, en juin le 16 juin.

Voici trois suppositions : une pour mars, une pour avril et une autre pour mai.

La stimulation des points n'est pas indispensable mais souhaitable, car elle potentialise l'action du traitement (voir l'index pour localiser les points).

1er jour : 19 mars, 18 avril, ou 17 mai

Pour favoriser l'élimination des toxiques

Boire deux grands verres d'eau tiède avec du jus de citron, à jeun.

Puis renforcer l'énergie des reins et de la vessie. Tonifier 7 Rn et 67 V.

Le 7 Rn se situe sur la face interne de la jambe, à deux travers de doigt au-dessus de la malléole interne, devant le tendon d'Achille.

Le 67 V se situe à la base externe de l'ongle du petit orteil.

Le lendemain : 20 mars, 19 avril ou 18 mai

Boire deux grands verres d'eau tiède avec du jus de citron, à jeun.

Tonifier 23 V, 4 VG, 2 VC, 3 VC.

Le 23 V se situe dans la région lombaire, à deux travers de doigt de chaque côté de la colonne vertébrale, au niveau des deuxième et troisième vertèbres lombaires. Il stimule les reins, les surrénales, les défenses immunitaires et redonne du courage.

Le 4 VG se situe dans le creux des reins, entre les deuxième et troisième vertèbres lombaires c'est-à-dire entre les deux 23 V.

C'est un point important qui renforce tout le Yang et stimule les surrénales. Il peut réanimer un évanoui.

Le 2 VC se situe sur la ligne médiane du bas-ventre, au-dessus du pubis.

Le 3 VC se situe sur la ligne médiane du bas-ventre, à deux travers de doigt au-dessus du pubis.

21 mars, 20 avril, ou 19 mai

Boire deux grands verres d'eau tiède avec du jus de citron, à jeun.

Tonifier 7 Rn et 10 Rn.

Le 7 Rn se situe sur la face interne de la jambe, à deux travers de doigt au-dessus de la malléole interne, devant le tendon d'Achille.

Le 10 Rn se situe à la face interne du genou, au pli de flexion, en dessous du 8 F.

22 mars, 21 avril ou 20 mai

Boire 2 grands verres d'eau tiède avec du jus de citron, à jeun.

Faire le *Tae Mo* : 41 VB – , 5 TR – , 26 VB + , 27 VB – , 28 VB –

Le 41 VB se situe sur le pied, au sommet de l'angle que forment les deux derniers métatarsiens écartés.

Le 5 TR se situe au centre de la face postérieure de l'avant-bras, à deux travers de doigt au-dessus du pli de flexion du poignet.

Le 26 VB se situe sur les côtés du ventre, au même niveau que l'ombilic, à mi-chemin entre la base des côtes et la crête iliaque de la hanche.

Le 27 VB se situe sur les côtés du ventre, juste au-dessus de l'épine iliaque antéro-supérieure (os de la hanche).

Le 28 VB se situe sur les côtés du ventre, juste au-dessous de l'épine iliaque antéro-supérieur.

23 mars et 24 mars, ou 22 et 23 avril, ou 21 et 22 mai

Nettoyage du côlon (pour que le Métal ne coupe pas le Bois, suivant la loi des Cinq Éléments).

Boire le matin à jeun deux grands verres d'eau bouillie tiède.

15 à 30 minutes après avoir bu l'eau, manger des graines de psyllium blond délayées dans de l'eau tiède.

Dans la matinée, tonifier 4 GI, 11 GI, 25 E.

Le 4 GI se situe sur la main, au sommet de l'angle que forment les deux premiers métacarpiens écartés (quand le pouce est écarté de l'index), contre la base du deuxième métacarpien.

Le 11 GI se situe au niveau du coude, devant et dans la partie externe du pli de flexion.

Le 25 E se situe sur le ventre, à trois travers de doigt de chaque côté de l'ombilic.

Du 25 au 31 mars, du 24 au 30 avril, ou du 23 au 29 mai

Continuer à boire l'eau tiède à jeun, avec ou sans citron.

Boire chaque jour un litre de jus de pommes.

Le matin : tonifier 8 F, disperser 40 VB.

Disperser le soir au lit : 25 VB et 14 F.

Que faire le grand jour ? (1er avril, 1er mai, ou 30 mai)

Buvez votre litre de jus de pomme le matin. À midi, mangez léger. En plus des restrictions des huit premiers jours, évitez œufs, noix, beurre, surtout pas de lait et tout produit laitier, pâtisseries, sucre, édulcorants, épices, tout ce qui est aliments froids, pas de graisses et pas d'huile. L'idéal c'est la soupe, le riz basmati blanc, ou le quinoa avec des légumes nature très légèrement salés, de la compote de fruits sans sucre.

S'ils ne sont pas indispensables, il est préférable d'éviter de prendre médicaments, vitamines, compléments.

Disperser 3 F, 4 GI, 36 E.

Le 3 F se situe sur le pied, au sommet de l'angle que forment les deux premiers métatarsiens écartés.

Le 4 GI se situe sur la main, au sommet de l'angle que forment les deux premiers métacarpiens écartés (quand le pouce est écarté de l'index), contre la base du deuxième métacarpien.

Le 36 E se situe sur la face externe de la jambe, à quatre travers de doigt sous le genou, près du tibia, entre les deux muscles (jambier antérieur et extenseur commun).

À partir de 14 h. Stopper toute nourriture et boisson autre que de l'eau. Dans le cas contraire, les résultats seraient compromis. À 17 h 45, la phase de nettoyage commence.

17 h 45. Préparation d'une solution de sulfate de magnésium : 60 g de sulfate de magnésium dans 720 ml d'eau.

18 h. Boire 180 ml (¼ de la solution, soit environ ¾ d'un verre) de la solution de sulfate de magnésium.

20 h. Boire à nouveau 180 ml de la solution de sulfate de magnésium.

21 h 30. Si vous n'avez pas été aux toilettes aujourd'hui, faites un lavement.

21 h 45. Préparez-les ¾ d'un verre de jus de pamplemousse (2 à 3 pamplemousses roses), versez dans un récipient plus grand et ajoutez-y un demi-verre d'huile d'olive. Secouez suffisamment pour rendre le mélange homogène.

22 h. Boire debout le mélange homogène de pamplemousse-huile d'olive, en une seule fois si possible. Ne mettez pas plus de 5 minutes. Dès que vous aurez tout bu, couchez-vous à plat sur le dos, la tête plus haute que le ventre. Si vous préférez, vous pouvez vous mettre sur le côté droit, genoux fléchis sur le ventre.

Soyez relax, immobile, sans parler au moins pendant une demi-heure.

Allez aux toilettes si vous en avez besoin. Vérifier les selles. Constatez l'arrivée éventuelle des boues, cristaux, calculs. Dormez.

Le lendemain, le 2 avril, le 2 mai ou le 31 mai

Entre 6 h et 6 h 30. Buvez la troisième portion de sulfate de magnésium (¾ de verre, 180 ml).

Tonifier 67 V et disperser 38 VB.

Le 67 V se situe à la base externe de l'ongle du petit orteil.

Le 38 VB se situe sur la face externe de la jambe, à quatre travers de doigt au-dessus de la malléole, contre le péroné.

2 heures plus tard, 8 h ou 8 h 30. Buvez la quatrième portion de sulfate de magnésium (¾ de verre).

Vérifiez les selles : au début vous éliminerez surtout des résidus alimentaires avec de la bile et des petits calculs, puis de l'eau avec des calculs souvent de couleur vert pomme qui flottent sur l'eau. Mais ils peuvent avoir toutes sortes de couleurs et de tailles.

10 h 30. Buvez un verre d'eau avec un peu de jus de fruit.

11 h. Si vous le souhaitez, mangez un fruit.

Entre 12 et 13 h. Si vous le souhaitez, faites un repas léger.

2 avril. Au réveil, boire un grand verre d'eau tiède.

Tonifier 1 F, 8 F, 12 VC.

Le 1 F se situe à la base de l'ongle du gros orteil, du côté du deuxième orteil.

Le 8 F se situe sur la face interne, dans le pli du genou, contre l'articulation.

Le 12 VC se situe sur le ventre, au centre, à un travers de main au-dessus du nombril, c'est-à-dire à mi-distance entre le nombril et la base du sternum. Ce point agit directement sur la digestion et particulièrement l'estomac.

Soit vous êtes en pleine forme, tout neuf et il va falloir le rester.

Soit vous êtes un peu barbouillé à cause des toxines qui se sont libérées du foie. Cela ne durera pas, buvez de l'eau tiède avec un jus de citron ou des tisanes de menthe ou de verveine. Mangez léger : des salades, des compotes de fruits, du bouillon ou de la soupe.

Explication sur la méthode

Pourquoi la préparation ?

Cela repose le foie, il réagira mieux.

En favorisant préalablement le transit intestinal, vous diminuez la quantité de toxines et vous facilitez l'élimination des calculs.

Pourquoi prendre du psyllium blond ?

Le psyllium est un mucilage inassimilable, qui se gonfle avec l'eau, devient gélatineux et va entraîner sur son passage dans les intestins les éléments stagnants indésirables. Il fait le ménage. Il est vendu sur Internet ou dans les magasins bio.

Les graines de lin

Sont également des mucilages riches en oméga-3. Il faut les faire tremper la veille dans une tasse d'eau. Elles peuvent être ajoutées au psyllium le matin.

Pourquoi le jus de pommes ?

Le jus de pomme contient de l'acide malique qui ramollit les calculs, ils seront beaucoup moins agressifs pendant leur transit à travers les voies biliaires et ainsi plus facilement expulsés. De plus, il favorise l'élargissement des voies biliaires.

Le jus d'airelles contient aussi de l'acide malique et peut éventuellement remplacer le jus de pomme.

Comment boire le jus de pommes ?

En plusieurs petites prises dans la journée en dehors des repas, 2 heures après ou avant, pour ne pas le mélanger à la digestion. Autrement dit, il doit être bu l'estomac vide. Il ne doit pas être froid mais tempéré. Il faut continuer à consommer de l'eau pure en dehors du jus de pommes.

Pendant cette période, évitez de prendre des produits chimiques, des compléments alimentaires, pas de café, pas d'alcool ni de tabac, pas de chocolat, de lait, de fromage ni de yogourt.

Rôle du sulfate de magnésium

Il élargit les canaux biliaires et dilate le canal du cholédoque, ce qui facilite le passage des calculs. C'est aussi un excellent laxatif qui favorise le transit et l'évacuation des calculs.

Rôle du mélange d'huile d'olive et du jus de pamplemousse

Ce mélange déclenche le signal d'un besoin important de bile pour digérer ce mélange gras qui arrive dans le duodénum.

Cette arrivée de bile entraîne avec elle les boues et les calculs.

Le tout sera éliminé dans les selles qui seront expulsées par l'action laxative du sulfate de magnésium.

Rôle des points

La stimulation des points n'est pas indispensable mais souhaitable, car elle va potentialiser le traitement.

Dans un premier temps, ils consolident l'énergie des reins pour favoriser l'épuration du sang puis facilitent le transit et améliorent l'écosystème intestinal. Finalement, ils viennent au secours du foie, renforcent ses possibilités de détoxication et l'aident à éliminer les boues, cristaux et calculs.

Résultat final

La plupart des personnes se sentent aussitôt en pleine forme.

Il se peut que des toxines libérées par des éléments pathogènes créent quelques désagréments qui finissent par disparaître rapidement et faire place à un mieux-être très appréciable.

Néanmoins, il n'est pas sûr que tous les calculs aient été éliminés au premier nettoyage. Il est souvent souhaitable de recommencer un autre nettoyage trois semaines plus tard. Il est même recommandé de faire ce genre de nettoyage plusieurs fois à trois semaines d'intervalle pour éliminer le maximum de calculs, cristaux, boues, toxines qui s'étaient logés, dissimulés dans des zones moins accessibles du foie et qui auront plus de facilité d'être délogés lors d'un second ou troisième nettoyage.

Consolider les bénéfices

Votre foie ne demande qu'à vous rendre heureux, respectez-le, gâtez-le, il vous le rendra. Ne l'empoisonnez pas avec du chimique. Évitez les graisses animales, le bœuf, le lait, le gluten, le sucre. Faites lui profiter du bienfait de certaines plantes que la nature nous offre.

Le **pissenlit (dent-de-lion)**. Feuilles en salade, racines en poudre, teinture mère (Taraxacum). Ses propriétés cholagogues et décongestionnantes du foie sont bien connues.

L'**artichaut**. Aide à la régénération hépatique, s'oppose à la fabrication de nouveaux calculs. Fait baisser le taux de cholestérol.

Mais attention aux pesticides : ne consommez que des artichauts bios. Les gouttes de Boldocynara (marque A. Vogel) sont réalisées à partir d'artichauts, de pissenlits, et de boldo.

Les **carottes**. Le bêtacarotène préserve les cellules hépatiques.

Les **betteraves**. Un excellent antioxydant qui préserve le foie.

Le **radis noir**. Il agit sur les canaux biliaires et favorise la sécrétion de bile. De plus, il accélère les mouvements péristaltismes des intestins. Sa richesse en substance soufrée fait qu'il n'est pas toujours bien supporté, surtout en cas d'obstruction biliaire, *où il est même déconseillé*.

Le **chardon-Marie**. C'est un excellent protecteur hépatique qui soigne l'hépatite et la dégénérescence graisseuse toxique du foie.

Le ***Chrysantellum americanum***. Protège le parenchyme hépatique, s'oppose à la production des calculs, stimule les fonctions désintoxicantes du foie, fait baisser les triglycérides.

Le **desmodium**. C'est un hépato-protecteur reconnu, il s'oppose aux virus de l'hépatite B qui détruisent la cellule hépatique. Il diminue le taux de transaminase, guérit la jaunisse. Il prévient des effets secondaires des traitements médicamenteux chimiques. Il a également des propriétés antiasthmatiques car il inhibe l'action histaminique sur les muscles lisses. De plus, il est antispasmodique.

L'**aloe vera** ou mieux encore l'**aloe ferox** sauvage bio (distribuée par Sanvita à Bruxelles). Cet aloé répare la muqueuse intestinale et apporte d'innombrables vitamines, minéraux, acides aminés, enzymes, tannins, polysaccharides. Ces propriétés lui confèrent un rôle bactéricide, cicatrisant, antifongique, anti-inflammatoire et quelquefois laxatif.

La **taurine**. C'est un acide aminé qui aide le foie à désintoxiquer l'organisme. Il favorise l'élimination des métaux lourds et produits chimiques. C'est également un puissant antioxydant.

NM Flore (nutrimieux.com). C'est une boisson lacto-fermentée à base de céréales bio qui rééquilibre la flore intestinale, augmente les défenses immunitaires, améliore la digestion, aide à l'équilibre acido-basique tissulaire et active le transit intestinal. Elle est riche en vitamine B, minéraux et protéines végétales.

Les épices qui assainissent le milieu intestinal

Depuis des temps lointains, les épices sont reconnues non seulement pour leurs agréables saveurs capables d'agrémenter nos aliments, mais surtout pour leurs propriétés énergétiques, prophylactiques et curatives.

Voici quelques épices qui favorisent la digestion et dont certaines s'opposent à la prolifération des agents pathogènes (mycoses, parasites, bactéries) dans nos intestins.

L'ail

Des études scientifiques ont largement prouvé l'effet bénéfique de l'ail sur la qualité du sang. L'ail diminue le taux de triglycérides et de cholestérol et surtout s'oppose à la formation de caillots sanguins responsables de crise cardiovasculaire (*Prostaglandines and Medicine*, juin 1979).

Outre ses propriétés anticoagulantes, l'ail purifie le tractus digestif et s'oppose à la prolifération des parasites, il purifie les intestins.

L'angélique

Elle est stimulante, tonique, réchauffante, carminative, c'est-à-dire qu'elle chasse les gaz de l'estomac et des intestins. Elle stimule la circulation en général et particulièrement au niveau du système digestif ; c'est pourquoi elle favorise la digestion, entre autres.

L'aneth

Elle est très employée comme condiment avec les poissons, dans les choucroutes et les marinades, dont elle favorise la digestion et permet d'éviter la production de gaz, l'aérophagie. Elle se marie bien avec le saumon fumé, les concombres, les cornichons, les pommes de terre et de nombreuses sauces froides.

L'anis

Aromatise merveilleusement les poissons. Favorise la digestion et s'oppose aux flatulences.

L'oignon

Si vous le supportez, il est excellent pour la santé.

L'oignon joue également un rôle au niveau de la fluidité sanguine en évitant l'agrégation des hématies.

Le carvi

Il est souvent confondu avec le cumin dont il partage les propriétés, avec toutefois plus d'intensité. Ces deux épices favorisent la digestion des féculents, des fromages forts, du chou et évitent les ballonnements, désinfectent les intestins.

La cannelle

Purifie les intestins. Tonifie le cœur. C'est un excellent antiseptique.

La cardamome

Sa saveur sucrée enrichit les entremets et les pâtisseries.

Elle active l'appétit et facilite la digestion, stimule la rate et les reins.

La coriandre

C'est la graine du persil arabe, bienvenue dans les sauces, les soupes, les bouillons, les viandes. Elle favorise la digestion et surtout l'élimination des métaux lourds.

Le curcuma

Puissant antioxydant. Anti-inflammatoire. Ami du foie. Dégage la vésicule biliaire. Stimule et équilibre l'énergie vitale. Préserve la vie.

Le cumin

Favorise la digestion du chou, des fromages forts, des féculents, des légumineuses. Contribue à aseptiser le milieu intestinal.

Le fenouil

Excellent avec le poisson et fruits de mer. Favorise la digestion et évite les ballonnements.

Les baies de genièvre

Indispensable dans les marinades. Grand purificateur de la sphère digestive. Dégage les reins et la vessie.

Le gingembre

Tonifiant général. Aide à prévenir les rhumatismes, la grippe. Stimule la circulation. Il tonifie les poumons, l'estomac et la rate.

Le clou de girofle

Indispensable dans les marinades. Purifie la sphère digestive. Stimule et nettoie les reins et la vessie.

L'origan

Antiseptique majeur. Il se consomme dans les potages, les pâtes, les pizzas et de nombreux plats dont il facilitera la digestion.

Le piment rouge

Tonique, désinfectant, asséchant, stimulant, réchauffant, désobstruant.

Le safran

Indispensable dans les soupes de poisson et particulièrement la bouillabaisse. Grand ami et régénérant du foie.

Boire un verre d'eau avec du jus de citron et quelques étamines de safran le matin à jeun, cela favorise la régénération des cellules hépatiques.

La sauge

Calme l'orthosympathique, active le parasympathique. Convient aux personnes qui transpirent beaucoup. Stimule les ovaires, régularise le cycle menstruel.

Le serpolet

Variété de thym sauvage dont il partage les propriétés : antiseptiques, toniques, digestives.

Le thym

Il existe de nombreuses variétés de thyms, elles sont toutes toniques, plus ou moins antiseptiques ; certaines comme le thym à géraniol ou à linalol sont antivirales et antifongiques.

Les plantes sauvages favorables à la digestion

L'aspérule odorante

Cette plante des sous-bois de hêtre possède de jolies feuilles, opposées, sur lesquelles se dessinent des étoiles à six ou huit branches. Ses jolies petites fleurs blanches prennent la forme de clochettes.

C'est avec la plante entière macérée qu'en Allemagne, en Alsace, en Belgique, on fabrique le vin de mai réputé pour ses vertus digestives et toniques connues pour détoxiner l'organisme. Elle agit favorablement sur les fonctions biliaires.

L'aunée officinale

Sa racine contient de l'inuline. La macération de cette racine permet la réalisation de potion et de vin d'aunée qui favorisent la digestion au niveau de l'estomac.

La benoîte

Ce sont de petites plantes rustiques aux fleurs jaunes et au fruit crochu, ressemblant au chardon béni.

Sainte Hildegarde l'appelait Benedicta pour ses propriétés astringentes, stomachiques, toniques et vulnéraires. Sa saveur amère favorise la digestion et stoppe la diarrhée.

La berce

La décoction de ses graines offre une alcoolature pouvant favoriser la digestion et stimuler la virilité.

La bourdaine

Cette plante est bien connue pour ses propriétés laxatives.

Elle agit sur la vésicule biliaire.

Le calament

Il est souvent confondu avec la menthe par son parfum, mais ses fleurs pourpres sont plus grandes. Il sert à la fabrication de l'eau d'arquebuse qui favorise la digestion et le bien-être. Cette plante calme l'aérophagie, le hoquet, la fatigue et les spasmes.

La camomille

De saveur amère, les fleurs de camomille romaine sont utilisées pour leur effet sur la digestion et le foie. Elles apaisent également les yeux irrités, la conjonctivite.

Le chardon béni

Bénie soit cette plante tout aussi favorable à la digestion qu'à la quiétude du cœur.

Le chardon-Marie

Encore appelé « artichaut sauvage », dont elle partage sa saveur amère et ses propriétés cholagogues et cholérétiques : elle agit favorablement sur le foie et la vésicule biliaire, et par là même sur le système cardiovasculaire.

La chicorée sauvage

Plus amère que la chicorée cultivée, la scarole, la frisée, elle est aussi plus dépurative, laxative.

Une cure de chicorée sauvage au printemps purge le foie, la vésicule biliaire et le pancréas.

Le chiendent

Il s'enracine, prolifère et s'entête à vouloir rester parmi nous malgré tous les herbicides qui veulent sa disparition. Rien n'y fait ! Il réapparaît toujours comme s'il voulait à tout prix nous faire part de ses bienfaits.

C'est un excellent dépuratif qui purifie le foie et la vésicule biliaire, les reins, la vessie, les intestins. Utile pour soigner la constipation, la cystite, la cellulite, les crises de foie.

Le cresson officinal

Il est aussi dénommé « cresson des fontaines », car cette plante vivace a besoin d'eau. Sa richesse en vitamines et en sels minéraux est très appréciée.

De plus, il est dépuratif, diurétique et met en appétit.

Mais attention, il convient de bien le laver car il peut abriter des parasites. Il suffit de le laisser tremper quelques minutes dans de l'eau salée et vinaigrée et de bien le rincer. À noter qu'il convient de le consommer sitôt cueilli, c'est-à-dire dans la journée, si vous voulez profiter au maximum de ses vertus.

L'églantier

Impossible de passer sous silence ce don de la nature. Bien qu'il ne soit pas directement actif sur le système digestif, les fleurs et fruits de ce rosier sauvage participent grandement à améliorer toutes nos fonctions. C'est un grand régulateur cardiovasculaire, mais il contribue aussi à adoucir les parois intestinales et la vésicule biliaire. Il régularise le système neurovégétatif des organes digestifs.

L'épine-vinette

Ses fruits ont des propriétés apéritives, cholagogues, laxatives. Ils ont une action favorable sur le fonctionnement du foie et de la vésicule biliaire.

L'eupatoire chanvrine

Comme son nom l'indique, elle ressemble au chanvre. Ses feuilles d'une saveur amère sont peu agréables au goût et doivent être consommées fraîches pour activer favorablement les fonctions hépatovésiculaires et favoriser la production du bon cholestérol au détriment du mauvais, ainsi que le transit intestinal.

Le fenugrec

Il est bien connu pour ses propriétés hypoglycémiantes et aphrodisiaques. Il favorise le métabolisme des graisses et permet de prendre quelques kilos chez les personnes maigres.

Le frêne

Ses semences et ses écorces ont des propriétés astringentes, diurétiques, laxatives, fébrifuges et toniques.

Son action sur le foie et les reins aide à lutter contre les rhumatismes, l'excès de cholestérol, l'obésité et la constipation.

La fumeterre

Galien au IIe siècle vantait ses vertus hépatovésiculaires. Depuis, on lui reconnaît des propriétés dépuratives, laxatives, stomachiques et toniques qui s'opposent à l'artériosclérose.

La gentiane

Bien connue pour ses propriétés apéritives et digestives, elle est également tout à la fois tonique et calmante, et s'oppose par ailleurs à la prolifération parasitaire. Les décoctions de racines de gentiane sont très bénéfiques à la santé.

La germandrée

Ses feuilles ressemblent à celles du chêne rouvre, ce qui lui a valu le surnom de « petit chêne ».

Les feuilles et les fleurs servent à fabriquer la liqueur Chartreuse et les vermouths, qui favorisent la digestion ou mettent en appétit. Elles s'opposent également à l'aérophagie.

La guimauve

Bien connue pour ses vertus adoucissantes et émollientes, elle aide à soigner les aphtes, la diarrhée et l'irritation intestinale.

L'hysope

L'hysope favorise la digestion et permet d'éviter les ballonnements. Sa consommation doit être raisonnable car comme toutes les bonnes choses, il ne faut pas en exagérer.

L'impératoire

Son rhizome macéré dans du vin en fait un bon apéritif, digestif et anti-ballonnement. Elle est considérée également comme un contrepoison.

Le lamier blanc

Il ressemble à l'ortie, mais ne pique pas…

Ses fleurs et feuilles peuvent être consommées comme des épinards ou en potage, elles sont riches en vitamines et en minéraux et ont des propriétés anti-inflammatoires, antianémiques, astringentes, dépuratives et antidiarrhéiques.

La lampsane

L'extrait fluide de lampsane aide à faire baisser le taux de la glycémie. Ses feuilles en infusion ou en salade sont bénéfiques pour le foie, le pancréas et les intestins.

Le lin

Ses graines sont bien connues pour leurs effets laxatifs, mais aussi pour leur forte teneur en oméga-3. De plus, elles s'opposent à la prolifération parasitaire.

La livèche

Il s'agit d'une ombellifère qui ressemble à une sorte de grand céleri sauvage. Son action carminative favorise la digestion en s'opposant à la production de gaz et de ballonnements.

Le marrube blanc

Sa saveur amère lui confère des propriétés digestives, sédatives, stomachiques, avec une action bénéfique sur le foie, la rate et le pancréas.

La matricaire

Encore nommée « camomille allemande », elle est connue pour son action favorable sur le foie et la vésicule biliaire. Elle peut calmer certaines migraines.

La mauve

Connue pour ses qualités émollientes, elle calme les intestins irrités et permet de lutter en douceur contre la constipation.

Le mélilot

Le mélilot, comme le bleuet et le plantain, est surtout préconisé pour calmer les irritations oculaires. Il est susceptible de soulager les coliques.

La mélisse

Cette plante entre dans la composition de plusieurs boissons et liqueurs apéritives et digestives. Son infusion calme le système nerveux.

La menthe

Il en existe de nombreuses variétés, mais toutes ont des actions toniques et favorables à la digestion.

La ménianthe

Cette plante pousse dans les mares ou les prairies inondées, dont les fleurs élégantes ornent les eaux stagnantes. Il était dit qu'une infusion de ses feuilles chaque jour assurait une longue vie. Son pouvoir digestif peut facilement être constaté.

La myrtille

Elle est très consommée au Québec sous le nom de bleuet, en rapport avec sa couleur.

Sa richesse en vitamines A, C, anthocyanine et tanins lui confère des propriétés remarquables : antioxydante, hypoglycémiante. Elle est favorable à la vision, aide à lutter contre la diarrhée et la colibacillose.

Le néflier

Il faut le manger à l'état blet. Il régularise les fonctions intestinales et calme les aphtes.

L'ortie

Riche en acétylcholine, acide formique, vitamines, minéraux, c'est une plante précieuse qui peut être consommée en salades ou en potage pour combler de nombreuses carences et redonner du tonus. De plus, elle purifie les intestins et favorise les fonctions pancréatiques.

L'oseille

Excellent dépuratif, sa saveur acide facilite la digestion, mais ne convient pas aux goutteux ni aux rhumatisants.

Le pissenlit (dent-de-lion)

Grand ami du foie, il aide à faire baisser le taux de cholestérol, permet de lutter contre l'artériosclérose, la constipation, les rhumatismes.

Ce n'est pas une panacée universelle mais un grand ami de notre santé ; une consommation régulière et journalière en salade au printemps nous sera très bénéfique.

Le polypode

Le rhizome de cette fougère réglisse est cholagogue, laxatif doux et vermifuge. Le foie l'apprécie.

La prêle

Très riche en sels minéraux et particulièrement en silicium, c'est une plante reminéralisante.

Le psyllium

De la famille des plantains, son mucilage contenu dans la graine favorise le transit intestinal.

Les feuilles fraîches au printemps peuvent être mangées en salade avec des pissenlits pour purifier l'organisme.

La réglisse

Renforce l'organisme, favorise la digestion, évite l'aérophagie, change l'haleine et calme les brûlures d'estomac. En revanche, elle fait monter la tension.

La renouée des oiseaux

Son infusion de la plante et de la racine apaise la soif des diabétiques.

Le robinier

Ses feuilles et ses fleurs sont antispasmodiques, cholagogues et toniques. Amie du foie et de l'estomac, elle favorise la digestion.

La ronce

Les infusions ou décoction de feuilles calment les gorges irritées et favorisent les fonctions pancréatiques.

La santoline

C'est une plante vermifuge.

La saponaire

Le rhizome en décoction est dépuratif. L'infusion de ses feuilles favorise les fonctions du foie.

La saxifrage

Petite plante vivace à fleurs roses, l'infusion de ses feuilles aide à arrêter la diarrhée. Elle active les fonctions du foie et de la vésicule biliaire.

La scolopendre

C'est une fougère des vieux murs. L'infusion de ses feuilles agit favorablement sur le foie et la rate.

La sémentine

Ses constituants, notamment la santonine, tuent les ascaris et les oxyures. Pour éviter un malaise éventuel après sa consommation chez un enfant, il est préférable de l'administrer sous forme de cataplasme sur le ventre, sans aucun danger.

Le sureau noir

Feuille, fleurs, fruits mûrs, seconde écorce tous contribueront à améliorer la santé en agissant sur le foie, les reins, le cœur, les vaisseaux, les bronches, la peau.

La valériane

Bien connue pour ses propriétés sédatives.

La verveine

Bien connue pour ses propriétés digestives.

Les maux de ventre

Syndrome de l'intestin irritable, populairement et faussement appelé « **colite** ». Il faut faire la différence entre :

- la vraie colite qui résulte d'une inflammation de l'intestin d'origine parasitaire, microbienne, virale, ulcéreuse ou maladie de Crown ;
- et l'intestin irritable d'apparence saine où il n'existe pas de lésion. On considère ce désagrément comme une perturbation fonctionnelle qui se manifeste par des ballonnements, de la constipation, ou de la diarrhée.

À noter que ces problèmes peuvent se produire sans aucune douleur. Réciproquement des maux de ventre peuvent survenir sans raison apparente. Quelquefois, les crises peuvent être très douloureuses, mais le plus souvent elles sont insidieuses, qualifiées de gêne ou d'inconfort.

Région des douleurs

Elles sont souvent diffuses et réparties dans l'ensemble de l'abdomen.

Quelquefois elles se localisent dans une région précise.

Douleur dans la fosse iliaque droite

C'est-à-dire la partie basse et droite de l'abdomen. Cette douleur peut laisser suspecter l'appendicite, surtout si le point de Mac Burney est très sensible, auquel cas il faut consulter un médecin rapidement. Rassurez-vous car ce n'est pas forcément le cas. Beaucoup de personnes n'ayant plus d'appendicite viennent consulter pour des douleurs dans cette région, en rapport avec le cæcum et l'iléon.

Douleur dans la région sous-costale droite

Le foie et la vésicule biliaire peuvent être suspectés, mais le plus souvent le responsable sera l'angle droit du côlon, siège de fréquentes colites.

Il conviendra au médecin de faire le diagnostic entre cholécystite accompagnée de problème digestif, bouche amère, migraine, et la colite, et quelquefois les deux.

Trois points peuvent venir à bout de ces incommodités : dispersez les 36 E, 3 F, 24 VB.

Quelquefois, suivant la cause, un seul de ces points peut suffire.

Douleur dans la région épigastrique

Ici l'estomac pourrait être incriminé, mais là encore le responsable de la douleur sera le plus souvent le côlon transversal qui suit son trajet.

Essayez les 6 MC et 36 E.

Douleur gauche de l'abdomen

Cette zone se rapporte au côlon descendant.

Ces douleurs peuvent disparaître en chassant les gaz qui s'y trouvent en allant à la selle ou par des massages ou des points de digitopuncture, comme le 36 E, 25 E, 4 GI.

Responsables de la douleur

Ces responsables sont les gaz intestinaux produits par la fermentation d'aliments incompatibles avec nos possibilités digestives enzymatiques, ou une flore intestinale désorganisée par des bactéries pathogènes, des mycoses, des parasites. Les causes ne manquent pas et une seule de celles-ci peut suffire pour créer la distension d'un intestin déjà irrité, donc fragile et par conséquent facilement douloureux.

Les intestins encrassés

Le nettoyage des intestins est un moyen de lutter efficacement contre l'obésité et la cellulite, mais aussi de retrouver une meilleure santé.

Peu d'entre nous se soucient de leurs intestins. S'ils pouvaient savoir ce qu'ils contiennent ! Les sédiments incrustés dans la muqueuse du gros intestin sont responsables de fermentations putrides dont les toxines se répandent continuellement dans le sang, cause d'allergie, de troubles hépatiques, d'arthrite, de rhumatisme et de nombreuses autres maladies. La majorité des cancers du côlon se situent au niveau des courbures du côlon : angle du foie, angle de la rate, cæcum et surtout sigmoïde et rectum, c'est-à-dire aux endroits où le colmatage est le plus favorable.

À présent, nombre de spécialistes constatent qu'une grande partie de nos maux viennent de nos intestins. Il est admis actuellement que notre flore intestinale conditionne en grande partie notre santé.

Le nettoyage intestinal

Il existe différentes méthodes : la méthode naturelle yogique, la douche rectale, le lavage intestinal et l'hydrothérapie du côlon.

La méthode naturelle yogique Shank Prakshalana

Cette méthode est la plus physiologique, la moins coûteuse.

Elle se pratique à jeun. Le dîner de la veille doit être très léger.

C'est une douche intérieure qui nettoiera vos intestins mais aussi tout votre tube digestif.

Elle consiste à boire un verre d'eau tiède salée comme pour un potage (une cuillère à café rase dans un litre d'eau).

Faites tout de suite les quatre exercices décris pages suivantes après chaque prise d'eau. Au bout de 5 à 6 verres, on se présente à la selle.

Si après 5 minutes, aucune évacuation anale ne s'est produite, refaire les quatre exercices, sans boire.

Dans le cas, peu probable, où rien ne vient, faites un petit lavement pour amorcer la vidange.

Après la première expulsion, recommencez le cycle : boire un verre d'eau salé, exercices, WC, puis un troisième...

Continuez jusqu'à ce que l'eau sorte telle qu'elle est rentrée.

Quand l'eau ressort propre, le nettoyage est terminé.

Ce nettoyage peut être réalisé une fois par semaine au début, puis une fois par mois ou par trimestre.

Il est contre-indiqué en cas de dysenterie, d'appendicite aiguë, d'ulcère, de cancer, de colite sévère, de tuberculose intestinale.

Premier exercice

Position. Debout, jambes écartées de 30 cm environ. Mains croisées retournées au-dessus de la tête, bras tendus, dos droit.

Mouvement. Inclinez latéralement, à droite puis à gauche, le tronc rapidement, sans bouger les pieds et sans s'arrêter pendant huit fois au total, c'est-à-dire quatre fois à gauche et quatre fois à droite.

Ce premier mouvement doit être assez rapide et dure environ 10 secondes.
Le but de ce mouvement est d'ouvrir le pylore pour permettre à l'eau de quitter l'estomac en la dirigeant vers l'intestin grêle.

Deuxième exercice

Position. Debout, les jambes écartées. Bras gauche à l'horizontale, tendu ; bras droit plié, main au niveau de la poitrine (clavicule gauche).
Mouvement. Faites une rotation maximale du tronc vers la gauche, regardez la main gauche. En fin de course, sans s'arrêter, revenir au point de départ et faire la même chose de l'autre côté. Quatre fois de chaque côté.
Durée totale. 10 secondes.
Le but de ce deuxième exercice est de faire progresser l'eau dans l'intestin grêle.

Troisième exercice

Position. Couché sur le ventre, les jambes écartées de 30 cm environ, posez les mains à plat sur le sol.
Mouvement. Décollez tout le corps du sol, qui repose sur les orteils et les mains. Relevez la tête au maximum, la tourner à gauche en cherchant à voir le talon droit ; revenir aussitôt et recommencez de l'autre côté. Effectuez à nouveau ce double mouvement quatre fois sans interruption.

Durée totale. 15 secondes.
Le but est de diriger l'eau à l'extrémité de l'intestin grêle, à l'embouchure du côlon.

Quatrième exercice

Position. Accroupi sur la pointe des pieds, distants de 30 cm environ, talons à l'extérieur des cuisses, mains aux genoux, écartés de 50 cm.
Mouvement. Pivotez le tronc en mettant le genou gauche au sol, juste devant le pied droit en tournant à fond la tête, les épaules et le tronc vers la droite. Poussez à gauche votre cuisse droite avec la main posée sur le genou, pour comprimer le ventre. Exécutez aussitôt le même mouvement en sens inverse. Recommencez ce double mouvement quatre fois.
Le but est de faire passer l'eau de l'intestin grêle vers le gros intestin.

Si vous n'êtes pas allé aux toilettes, recommencez les quatre exercices. Dans les cas extrêmes, faire un petit lavement qui amorcera la vidange. **Reposez-vous. Une demi-heure après, mangez un bol du riz blanc.**

La douche rectale

Il s'agit d'un lavement doux qui favorise l'évacuation des déchets situés dans le dernier segment du côlon (sigmoïde, rectum). Il peut être pratiqué fréquemment sans problème.

- **Technique.** Injectez 300 ml environ d'eau tiède dans l'anus à l'aide de la poire.
- **Position.** Debout, injectez l'eau, retirez la poire, asseyez-vous sur la cuvette et évacuez l'eau. Vous pouvez répéter l'opération 2 à 3 fois de suite jusqu'à ce que l'eau évacuée devienne claire.
- **Conseil.** Vous pouvez enduire la canule de la poire avec de la vaseline ou de l'huile d'amande douce, pour éviter d'irriter l'anus.

Le lavage intestinal

- **Technique.** Utilisez un broc ou un sac en caoutchouc pouvant contenir au moins un litre d'eau et un tuyau suffisamment long pour être placé plus haut que le corps.
  Remplir le broc avec un litre d'eau bouillie dans laquelle vous pouvez ajouter, si vous le voulez, une goutte d'huile essentielle d'eucalyptus. Il est également possible de mélanger ¼ de litre d'infusion de thym dans laquelle on peut ajouter 2 à 3 gousses d'ail (utile contre les parasites).

Enduisez la canule de vaseline ou d'huile d'amande douce.
Laissez couler un peu d'eau pour chasser l'air, pincez le tuyau pour arrêter l'écoulement.

- **Position.** À genoux, introduire le tuyau dans le rectum. Posez la tête sur l'avant-bras gauche, replié, en appui au sol, pour que le bassin soit surélevé. Avec la main droite, massez lentement le ventre dans le sens des aiguilles d'une montre, c'est-à-dire dans le même sens du mouvement péristaltisme du côlon, ce qui fera monter l'eau.
  À la moindre douleur, stoppez en pinçant le tuyau en caoutchouc, reprendre dès que la gêne cesse. Quand les intestins sont remplis, se coucher sur le dos durant 5 à 10 minutes. Dès que l'envie de déféquer arrive, avant la fin, stoppez quelques secondes, relaxez-vous et reprenez le lavement. Quand toute l'eau est vidée, déféquez.
- **Reprise alimentaire.** Respectons la propreté du côlon : pas d'alcool, pas de café ni d'aliments industriels.
  Buvez de l'eau avec un peu de citron si vous le souhaitez, des jus de légumes ou de fruits frais, du bouillon de légumes, des légumes cuits à l'étouffée, des fruits si vous les supportez, ou de la compote maison.

L'hydrothérapie du côlon, irrigation côlonique

Ce super-lavage des intestins se pratique par l'intermédiaire d'un thérapeute et l'usage d'un appareil muni de deux circuits, un pour l'arrivée de l'eau tiède (30° environ), l'autre pour l'évacuation.

Le patient est allongé sur le côté droit, la canule est introduite, l'eau coule lentement, en même temps le thérapeute masse le ventre du patient. La séance dure environ une heure, 70 litres d'eau se seront écoulés dans le côlon. C'est le grand nettoyage. Il convient ensuite de réensemencer la flore intestinale avec des probiotiques.

Vaincre les ballonnements

La plupart des ventripotents ont des ballonnements. Pourquoi ?

Une mauvaise digestion produit de la fermentation des aliments ingérés, il en résulte des gaz, d'où le ballonnement qui s'ensuit.

Pour diminuer son ventre, il faut absolument réduire la production de ces gaz qui distendent l'estomac et les intestins. Le plus grave, en effet, c'est que la putrescence induite permettra la dissémination dans le sang des toxines, d'où l'inexorable processus de l'arthritisme ; c'est pourquoi l'on peut dire que bon nombre de rhumatismes et d'arthrose sont favorisés par le mauvais fonctionnement de notre système digestif.

Voici les grandes règles :

- évitez les mélanges et les aliments incompatibles qui favorisent la fermentation : c'est-à-dire supprimer les fruits au repas, les féculents à base de blé et notamment le pain, la semoule, le boulgour

(j'ai constaté que 75 % des ballonnés perdaient du ventre après avoir évincé momentanément le pain de leur alimentation) ;
- ne mangez pas les peaux des fruits, tomates, poisson, poulet, fèves, pois chiches (ils sont souvent non digérés et se collent sur les parois internes des intestins) ;
- diminuez votre boisson au repas pour ne pas diluer vos sucs digestifs.
- bien mâcher (c'est le plus important) ;
- évitez les inhibiteurs digestifs : alcool, sucre, miel, glace, confiture, bonbons, lait, café au lait ;
- ne pas abuser des féculents ;
- diminuez la ration alimentaire, cela favorise la digestion et permet de lutter contre les ptôses viscérales (estomac, intestins).

Vaincre la constipation

Trente millions de boîtes de laxatifs se vendent chaque année ! Et cependant, une femme sur deux est constipée.

Les laxatifs ne font qu'entretenir le mal. La constipation, encrassement de l'organisme, est un fléau qui touche bon nombre de ventripotents.

Pourquoi est-on constipé ?

C'est volontairement que nous ne parlerons pas des causes organiques lésionnelles – appendicite, cancer, fibrome, etc. – qui relèvent d'un traitement médical.

De nombreuses causes peuvent favoriser la constipation :

- diminution de la motricité intestinale par insuffisance d'exercice ;
- musculation abdominale trop faible ;
- alimentation trop riche en viande et aliments raffinés (sucre, pain blanc, conserves, etc.) et insuffisance de végétaux et céréales complètes ;
- insuffisance d'eau ;
- déséquilibre neurovégétatif ;
- insuffisance biliaire ;
- perturbation de la flore intestinale ;
- stress ;
- prise de médicament constipant.

Constipation spasmodique

Les nerfs de l'intestin, hypersensibles, trop énergiques, contractent excessivement le côlon et gênent la progression des selles.

En outre, les intestins enflammés et irrités produisent, par voie réflexe, une contraction de défense s'opposant au passage des matières.

Signes : évacuation douloureuse, selles petites, comme étranglées.

La constipation atone

C'est la plus courante, le côlon paresseux n'assure pas bien le cheminement des matières fécales. La faiblesse des muscles abdominaux en est souvent la cause, car la tonicité des fibres lisses de l'intestin est solidaire de la musculation abdominale. Le côlon, distendu, ne parvient alors pas à faire progresser son contenu.

Signes : selles peu modifiées, mais s'évacuant difficilement, en principe sans douleur.

La constipation sigmoïdienne

Le sigmoïde est la partie terminale du côlon avant le rectum.

La sensation provocant le besoin d'aller à la selle est produite par la dilatation du rectum quand le sigmoïde est plein. Si l'on se retient trop souvent, le réflexe s'émousse et disparaît peu à peu car le rectum perd de sa sensibilité.

Les habitudes de se retenir datent souvent de la scolarité, d'un abus de suppositoires, de lavements, d'une faiblesse de la musculature locale qui diminue ce réflexe.

Comment vaincre la constipation ?

Conseils généraux

- Diminuer les protéines animales et le sucre.
- Consommer suivant les tolérances intestinales davantage de végétaux, fruits et légumes et un peu de céréales complètes, riz complet ou semi-complet.
- Boire en dehors des repas des jus de fruits : pomme, pruneaux, raisin.
- Consommer les fruits bien mûrs au petit-déjeuner ou l'après-midi.

Traitements de la constipation au choix

- À jeun, boire un grand verre d'eau tiède, puis des tisanes pour assainir le milieu intestinal : romarin, frêne, thym.
  - *pour une action purgative en douceur* : guimauve, fleurs de pêchers, mauve, ortie ;

- *pour une action purgative forte :* bourdaine, séné, mercuriale, rhubarbe (si vous les supportez, et pour une courte durée).

- Manger des pruneaux mis à tremper la veille : boire l'eau et consommer 6 à 8 pruneaux le matin à jeun.
- Prendre des graines de lin : une cuillerée à soupe mise à tremper la veille, broyées et mélangées dans un sirop d'érable (même volume) ; bien les mâcher.
- NM Flore (nutrimieux.com) : cette boisson lacto-fermentée à base de céréales bio active le transit intestinal et constitue l'un des produits naturels les plus efficaces pour vaincre la constipation.
- Une cuillerée d'huile d'olive vierge bio telle quelle ou mélangée à un jus de carottes ou de citron.

Psyllium blond

C'est l'enveloppe d'une excellente graine pour l'intestin : le plantain des Indes. Le mucilage est très hydrophile, il gonfle au contact avec l'eau et forme une masse gélatineuse très douce qui lubrifie les parois des intestins. Il agit un peu comme une éponge qui nettoie les parois intestinales en absorbant et entraînant avec lui les substances toxiques du côlon, y compris les métaux lourds.

Il améliore le péristaltisme et régularise la fréquence et la qualité des selles. Il est tout aussi efficace en cas de constipation que de selles liquides. Il réduit flatulences et ballonnements et favorise le développement des bonnes bactéries de la flore intestinale.

De plus, le mucilage du psyllium forme dans l'estomac un gel coupe-faim qui donne une sensation de satiété naturelle.

- **Utilisation.** Ce n'est pas un aliment, car il n'est pas absorbé par l'organisme. Totalement neutre de goût, il est souhaitable de le diluer dans un jus de fruit, une compote, une soupe.
- **Conseil.** Buvez beaucoup et ne prenez pas de psyllium en même temps que des médicaments ou compléments alimentaires, espacer leur prise d'une heure au moins car il risquerait de les entraîner dans les selles.
- **Contre-indication.** Sténose intestinale ou œsophagienne, ou toute autre obstruction gastro-intestinale réelle ou présumée. Saignement du rectum. Nausée, vomissement, douleur abdominale.

Vaincre la diarrhée

Diarrhée aiguë occasionnelle

Une diarrhée subite peut être provoquée par des aliments avariés, de l'eau, des glaçons, une crème glacée, une boisson contaminée, une réaction allergique à un aliment normal, un parasite, des champignons, un virus.

Cette contamination est assez fréquente pendant un séjour dans un pays exotique, c'est la fameuse turista.

Cette forme de diarrhée entraîne une déperdition d'eau et de sels minéraux, il est donc indispensable de réhydrater et de reminéraliser. Boire une soupe de riz blanc dans laquelle vous aurez mis si vous voulez du thym, de l'ail et une carotte.

Thérapies :

- **Homéopathie.** 5 granules après chaque selle si :
  - diarrhée en jet fréquente exténuante : *Veratrum album* 9 CH ;
  - diarrhée brunâtre, brûlante, nauséabonde : *Arsenicum album* 9 CH.
- **Huiles essentielles.** 3 gouttes de cannelle ou sarriette dans un peu de miel ou de lait ou de mie de pain, diluées dans un verre d'eau tiède, plusieurs fois dans la journée.
- **Digitopuncture.** Tonifiez le 37 E et le 25 E.
- **Alimentation.** Éviter pendant 3 jours : crudités, lentilles, yaourts, chou, oignons, pain complet, céréales complètes.
  Privilégiez le riz blanc, la purée de carotte, les pâtes, les pommes de terre, les soupes.
  Les fruits riches en tanin : myrtille, cassis, coings, pommes.
- **Réensemencer la flore intestinale.** Candi'Clean. Boisson lacto-fermentée NM Plus (nutrimieux.com). Avec des probiotiques : Bioprotus.

Diarrhée chronique

Un examen médical s'impose pour rechercher les mycoses et parasites éventuels.

- **Conseils hygiéniques.** Éviter crudités, choux, choux-fleurs, oignons, lentilles, figues, raisins, prunes, pruneaux, pain complet, céréales complètes, fritures, charcuterie, viandes faisandées.
  Les aliments conseillés : riz blanc, purée de carottes, pommes de terre, manioc, quinoa, viande blanche.

- **Homéopathie.** 5 granules après chaque selle : *China rubra* 9 CH.
  - si les selles sont écumeuses, vertes : *Ipeca* 9 CH ;
  - diarrhée mi-liquide, mi-solide : *Antimonium crudum* 9 CH ;
  - diarrhée brunâtre, nauséabonde : *Arsenicum album* 9 CH.
- **Huiles essentielles.** Origan, cannelle, sarriette.
- **Compléments alimentaires.** Charbon activé, Arofitom Cannelles, Candi'Clean.
- **Digitopuncture.** 37 E, 25 E, 36 E, 11 GI et éventuellement faire des moxas sur le 8 VC, c'est-à-dire le nombril.
- **Réensemencer la flore intestinale avec des probiotiques.** Lactéol, LAB Base, Lactibiane Candisis 10 M, Synertrophic, NM Flore.

Vaincre les colites et les gastrites

Elles sont souvent occasionnées par des gaz qui distendent les parois intestinales.

- **Traitement.** Appliquer une serviette chaude sur le ventre avec éventuellement une bouillotte chaude par-dessus, pendant au moins un quart d'heure.
- **Homéopathie.** 3 granules pendant la crise.
  - douleur à droite, atténuée en se courbant en deux : *Magnesia phosphorica* : 9 CH ;
  - avec constipation : *Plumbum metallicum* 5 CH ;
  - avec irritation et insuffisance biliaire : *Podophyllum* 5 CH ;

- si atonie intestinale, dégoût des aliments, selles dures ou diarrhée avec des mucosités jaunâtres chez un constipé habituel : *Hydrastis* 5 CH.

- **Digitopuncture.** Dispersez 6 MC et 36 E.
- **Huiles essentielles.** Marjolaine, basilic.
- **Conseils alimentaires.** Un jeûne d'une ou deux journées serait souhaitable, tout en buvant des infusions au choix de marjolaine, d'aubépine, sauge, romarin. Vous pouvez prendre aussi du jus de chou qui a une action cicatrisante sur les muqueuses de l'intestin, surtout s'il est pris seul.
  Pendant trois jours, ne consommez que de la purée de légumes verts et de carottes. Cette bouillie cellulosique va nettoyer l'intestin en entraînant les croûtes et les déchets qui tapissent les muqueuses.
  Puis reprendre une alimentation favorable à la digestion.
  Supprimer le pain et tous les aliments à base de blé, ainsi que les produits laitiers tel que le prescrit le docteur Seignalet.
- **Flore intestinale.** Pour assainir la flore intestinale, boire à jeun le matin un demi-verre d'eau dans lequel vous aurez mis la veille une cuillerée d'argile verte.
- **Gemmothérapie** (voir page 152, « La gemmothérapie »). L'airelle est un désinfectant intestinal, recommandé dans les colites spasmodiques.

Le figuier est préconisé pour les gastrites, il régule l'appétit et les sécrétions stomacales. Efficace en cas d'ulcère gastrique.

Vaincre les reflux gastriques

Le reflux gastrique semblerait être dû à une atonie du muscle inférieur de l'estomac, laissant remonter l'acide gastrique de l'estomac dans l'œsophage, provoquant irritations et brûlures.

En réalité, le plus souvent, il ne s'agit pas d'un excès de production d'acide chlorhydrique, comme on aurait tendance à le croire, mais d'une remontée dans l'estomac de résidus alimentaires, de toxines et de bile en provenance des intestins dans l'estomac.

Il y aurait même souvent une production insuffisante d'acide chlorhydrique, la digestion est donc ralentie et de ce fait la nourriture reste plus longtemps dans l'estomac.

Dans ce cas, les médicaments antiacides retardent encore davantage la digestion. Ils vont donc à l'encontre du but recherché et compliquent le processus de guérison.

Traitements

Supprimer tabac, alcool, café, piment, poivre, boissons gazeuses, aspirine, drogue, boissons glacées, stress.

- **Homéopathie.** 3 granules de *Cantharis* 4 CH une demi-heure avant chaque repas. Souvent efficace pour calmer les brûlures œsophagiennes.
  - *Capsicum* 4 CH en cas de soif fréquente et d'haleine fétide.
  - *Cuprum* 4 CH chez les personnes hypersensibles, tendues, craintives, toujours en tension, pouvant être sujettes à la spasmophilie.
  - *Ignatia Amara* 5 CH : favorise la digestion.

- *Lycopodium* 5 CH : sujet grand, mince, intelligent, actif, ne supporte pas l'échec. Les brûlures sont plus fortes vers 17 h.
- *Magnesia carbonica* 5 CH : la douleur est atténuée en se pliant en deux.

⊙ **Digitopuncture.** Dispersez 6 MC, 36 E.
⊙ **Huiles essentielles.** Contre-indiquées.
⊙ **Gemmothérapie.** Figuier.

Vaincre la fatigue : le ventre est un générateur d'énergie

Les Japonais travaillant le *Hara* grâce aux arts martiaux et énergétiques, considèrent que la force primordiale et universelle de la vie se trouve dans le ventre. Il en est de même avec le Qi des Chinois.

Nous avons tous constaté que nos forces nous abandonnent en cas de gastro-entérite. En assainissant notre flore intestinale, nous perdons du ventre et retrouvons force et santé.

Notre énergie vient du ventre. Tous nos organes produisent de l'énergie. La qualité et la quantité de cette énergie dépendent du bon fonctionnement de ces organes. Tous ces organes sont tributaires les uns des autres, mais aussi et surtout de leur milieu. Il convient donc de favoriser la qualité de ce milieu.

Notre alimentation et surtout notre digestion sont en grande partie responsables, c'est pour cela que nous pouvons retrouver force et santé en mettant en pratique les judicieux conseils alimentaires de cet ouvrage.

⊙ **Compléments alimentaires.** Coenzyme Q10, acide alpha lipoïque.

- **Digitopuncture.** Tonifiez 6 Rt, 6 VC, 23 V, 4 VG.
- **Huile essentielle.** Sarriette.
- **Flore intestinale.** Il est indispensable d'assainir la flore intestinale : tout d'abord neutraliser les mycoses pathologiques avec Candi'Clean, puis réensemencer avec des probiotiques ou NM Plus (nutrimieux.com).

Favoriser la circulation

- **Conseils alimentaires.** Favorisez la fluidification du sang en donnant la priorité aux fruits et aux légumes. Le sarrasin et les graines de sésames font baisser la tension artérielle et favorisent la circulation.
- **Digitopuncture.** Dispersez : 5 RT, point maître des veines + 6 Rt, point maître du sang 32 E, il active la circulation + 1 F, pour la veine saphène interne.
- **Homéopathie.** 5 granules deux fois par jour :
  - si sensation de brûlure dans les jambes : *Apis mellifica* 9 CH ;
  - si les jambes sont nettement soulagées en position surélevée : *Vipera redi* 5 CH ;
  - si douleur dans les jambes : *Arnica montana* 9 CH ;
  - si aggravée par la chaleur et améliorée par une douche froide : *Pulsatilla* 9 CH ou *Fluoricum acidum* 9 CH.
- **Huiles essentielles.** Masser les jambes avec un peu d'huile d'amande douce ou de sésame dans laquelle vous avez mélangé 3 à 5 gouttes d'huile essentielle de cyprès.

- **Gemmothérapie.** L'aubépine, ami du cœur.
- **Compléments alimentaires.** Hamamélis, marron d'Inde, æsculus, Veino-Lymphax.

Éviter les rhumatismes, l'arthrose, l'arthrite

- **Conseils alimentaires.** Supprimez les aliments à base de blé : pain, pâtes, semoule, boulgour, pizza, etc. Supprimez également le lait de vache et les produits laitiers de la vache : yaourts, fromages, etc. Mangez à volonté : légumes, salades et fruits à volonté, quinoa, sarrasin, amarante en quantité raisonnable, fromage de chèvre et de brebis en petite quantité.
- **Digitopuncture.** Douleur au niveau :
  - du bras et du poignet : dispersez 5 TR
  - des membres inférieurs : dispersez 62 V
  - de la colonne vertébrale : dispersez 3 IG
  - des hanches : dispersez 41 VB et 30 VB
- **Homéopathie.** 5 granules 2 fois par jour :
  - si douleur matinale améliorée par le mouvement lent, le temps chaud et sec, aggravée par l'humidité : Rhus toxicodendron 9 CH ;
  - si douleur améliorée par temps humide et la chaleur, aggravée par le froid sec : Causticum 9 CH ;
  - si douleur aggravée par l'orage : *Rhododendron* 9 CH ;
  - si amélioré par des applications froides : *Apis mellifica* 9 CH ;
  - si douleur avec contractures : *Arnica montana* 9 CH ;

- si douleur cervicale : *Actaea racemosa* ou *Cimicifuga*. 5 CH.

- **Huiles essentielles.** Massez l'articulation douloureuse avec une goutte au choix : marjolaine, genièvre, gaulthérie.
- **Gemmothérapie.** Quelques gouttes sur la langue ou dans un verre d'eau :
  - Cassis : stimule la production de corticoïde naturel et nous aide à lutter contre l'inflammation.
  - Pin : favorise la régénération et reminéralisations du cartilage en cas d'arthrose.
  - Vigne : active la production des cellules osseuses et cartilagineuses.
  - Bouleau : favorise l'élimination de l'acide urique.
- **Compléments alimentaires.** Curminal (anti-inflammatoire) des laboratoires Le Stum, O.P.C. 250 (antioxydant majeur qui apaise les douleurs et s'oppose à leur survenue) du laboratoire Etnas.

Éviter l'artériosclérose

- **Conseils alimentaires.** L'alimentation anti-inflammatoire évite d'augmenter la perte d'élasticité des parois.
  Les soins suivants favorisent leur régénération.
  Consommer des goyaves qui régulent le taux de cholestérol ainsi que du jus de grenade.
- **Digitopuncture.** 9 P : point maître des artères.
  39 VB : s'oppose à l'inflammation artérielle.
- **Homéopathie** (7 CH).
  - *Aurum iodatum* : s'oppose à la sclérose chez les agités.

- *Plumbum iodatum* : sujet maigre, ne supporte pas la chaleur.

- **Compléments alimentaires.** Athérolys, Coronazen, Vectoméga.

Éviter l'infarctus et l'AVC

Ayant été victime d'un infarctus en 2005, je me suis particulièrement intéressé à en comprendre la raison, comment en étais-je arrivé là, moi le naturopathe qui mangeais bio.

Le hasard n'existant pas, un de mes amis naturopathe québécois me présenta un livre qui allait changer ma conception alimentaire. L'ouvrage *Le juste milieu dans votre assiette* du docteur Barry Sears expliquait comment celui-ci avait échappé à l'infarctus, qui tuait systématiquement sa famille, en changeant son alimentation. Le Dr Barry Sears montre que la consommation d'un excès de glucides peut entraîner des réactions hormonales favorisant l'inflammation et éventuellement la production d'un caillot responsable d'une obstruction artérielle et par là même d'un accident cardiovasculaire.

Le docteur Barry Sears préconise :

- de diminuer au maximum la consommation des aliments à charge glycémique élevée : céréales, pain, sucre, miel, confiture, frites, purée de pomme de terre ;
- de donner la part belle aux légumes, salades et fruits peu sucrés comme les fraises, le cassis, les myrtilles, le pamplemousse, la groseille, la cerise ;
- de ne pas se priver des bons lipides : huiles bio, poissons gras, avocat, amande, noix.

La règle est d'obtenir ses besoins caloriques dans 40 % de glucide, 30 % de protéines, 30 % de lipide, alors qu'habituellement nous consommons environ 70 % de glucide.

- **Conseils alimentaires.** Privilégiez les aliments à faible charge glycémique (voir page 70, « La charge glycémique »), diminuez la consommation de céréales : riz, blé, quinoa, avoine, maïs, tapioca, sarrasin.
- **Digitopuncture.** À la moindre douleur dans la région du cœur, dispersez le 6 MC.
- **Homéopathie.** Si anxiété, peur de mourir : 5 granules 5 fois par jour : *Aconitum* 9 CH.
- **Huile essentielle.** Respirez un peu de menthe.
- **Gemmothérapie.** Aubépine qui régularise le rythme cardiaque.
- **Compléments alimentaires.** Coenzyme Q10, Artériforte, Coronazen, Athérolys.

Conserver sa libido jusqu'à 90 ans et +

Restez jeune à tout âge et le plaisir de vivre continue !

- **Conseils alimentaires.** Un régime équilibré et adapté permet de conserver son tonus, sans user prématurément ses fonctions physiologiques. Le céleri branche aurait des propriétés aphrodisiaques.
- **Digitopuncture.** Tonifiez les 23 V, 4 VG, 7 Rn, 2 VC.
- **Homéopathie.** *Lycopodium*.
- **Huiles essentielles.** Sarriette, cannelle, ylang-ylang, menthe.
- **Gemmothérapie.** Séquoia, chêne.
- **Compléments alimentaires.** Ginseng, gingembre, ginkgo biloba, maca.

CHAPITRE V – LES BIENFAITS DE L'ACTIVITÉ PHYSIQUE

Bougez. Respirez. Relaxez-vous !
L'exercice physique non outrancier, et plus particulièrement la marche rapide, active la circulation, et par conséquent la filtration au niveau des reins, ainsi que la respiration, davantage si vous transpirez.

Le mouvement, l'activité, la sudation nous aident à éliminer naturellement les acides excédentaires. Cependant, un sport trop intensif qui sollicite une forte élaboration de cortisol produira l'effet inverse. L'activité physique doit rester modérée et contribuer à nous déstresser. Le Yoga, le Qi Gong, le Tai Ji Quan sont tout à fait appropriés. On comprend pourquoi les Chinois sont si familiers avec ces pratiques hygiéniques ancestrales.

Automassage du ventre

La pratique de l'automassage du ventre active la circulation énergétique et favorise le bon fonctionnement de nos organes.

C'est ainsi qu'à droite le foie et la vésicule biliaire seront décongestionnés ; à gauche, la rate et le pancréas réactivés ; au centre, l'estomac libéré.

Nous pouvons également agir sur le transit intestinal et chasser les gaz qui stagnent et compressent dangereusement le cœur. Il s'ensuivra immédiatement un bien-être appréciable.

Massage du Vaisseau Conception

Ce massage s'oppose à la paresse intestinale et stimule la libido.

Technique. À genoux, assis sur les talons. Avec la pulpe des doigts, en alternance avec la main gauche et la droite, effectuez une dizaine de massages, en montant du pubis au sternum.

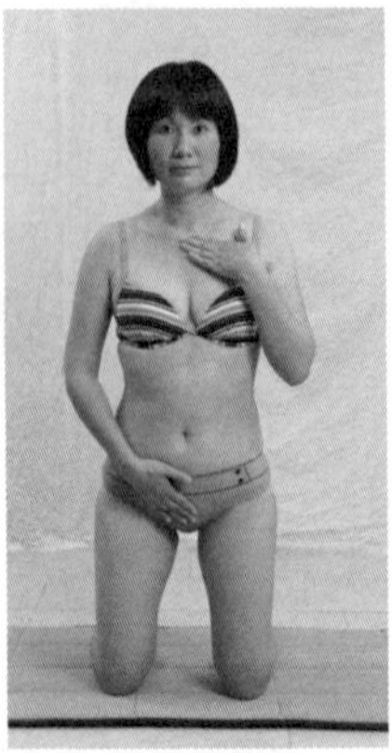

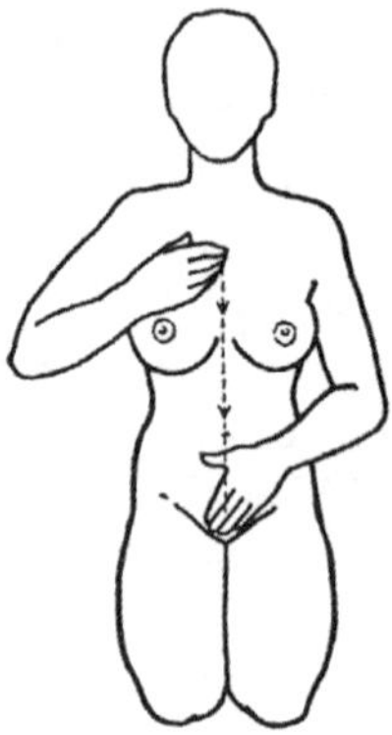

Massage anti-flatulences

Ce massage chasse les gaz de l'estomac et relaxe le plexus solaire.

Technique. À genoux ou debout, tronc penché en avant.

Engagez, profondément les doigts tendus au creux de l'estomac, en expirant ; restez 15 secondes.
Relâchez, inspirez.
Recommencez trois fois de suite.

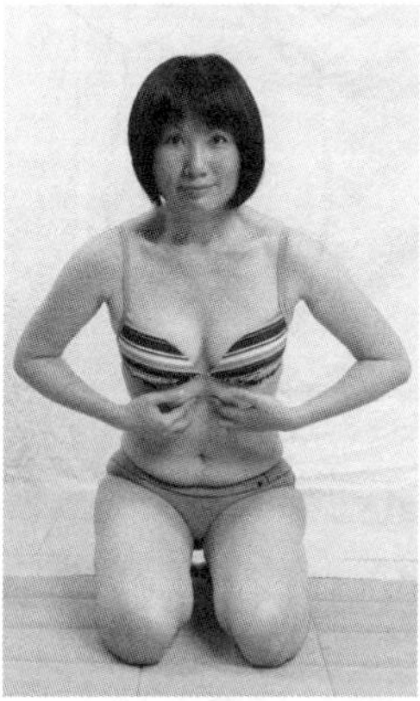

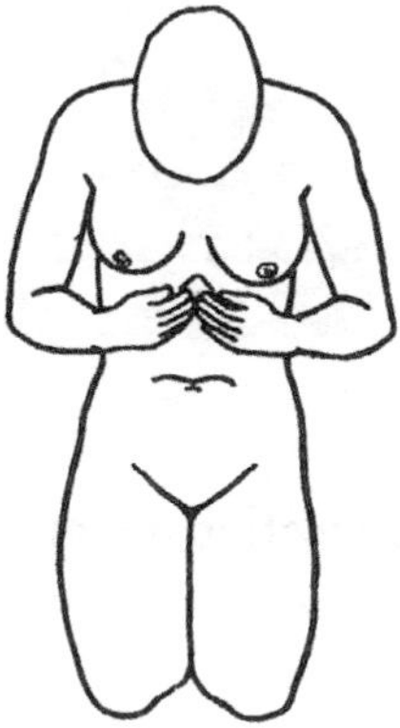

Massage du foie, de la rate et du pancréas

Ce massage soulage les organes internes et assouplit le diaphragme.
Technique. Debout, ou à genoux, ou assis.
Engagez les doigts sous les côtes, inspirez.
Se pencher en avant en expirant.
Se masser sous les côtes en imprimant un mouvement giratoire aux doigts, tout en respirant calmement.
Se lever en inspirant.

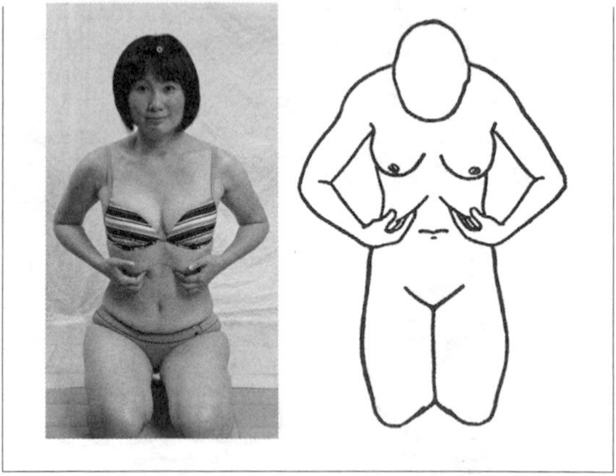

La rééducation abdominale

Pour bien agir, il faut d'abord comprendre.

Quel est le rôle des muscles abdominaux ?

Comme tous les muscles, ils participent à la mobilité. Mais les muscles abdominaux ont d'autres rôles très importants.

1. Ils contribuent à la bonne statique vertébrale.
2. Ils préservent et maintiennent les viscères, et plus particulièrement les intestins, mais aussi l'estomac, la rate, le pancréas, les reins, la vessie, le foie, et pour la femme les ovaires et l'utérus.
3. Ils jouent un rôle fondamental dans la fonction respiratoire en favorisant la remontée et la descente du principal muscle de la respiration, le diaphragme, qui pousse l'air des poumons vers la sortie en remontant, aidé en cela par la pression

abdominale qui s'exerce en rentrant le ventre. Inversement, l'inspiration s'effectuera par sa descente et le relâchement de la contraction des muscles abdominaux.

4. Ils activent la circulation en créant un phénomène de pression-dépression, par la montée et la descente du diaphragme.
5. Les muscles abdominaux nous aident à déféquer.
6. Ils activent les fonctions viscérales, notamment les reins.

À présent vous comprenez l'intérêt majeur d'avoir des muscles abdominaux fonctionnels non seulement pour notre esthétique mais aussi et surtout pour notre santé.

Votre respiration et votre oxygénation seront plus efficientes, et vous éviterez par ailleurs ces descentes d'organes et fuites urinaires si éprouvantes à un certain âge.

Les muscles abdominaux

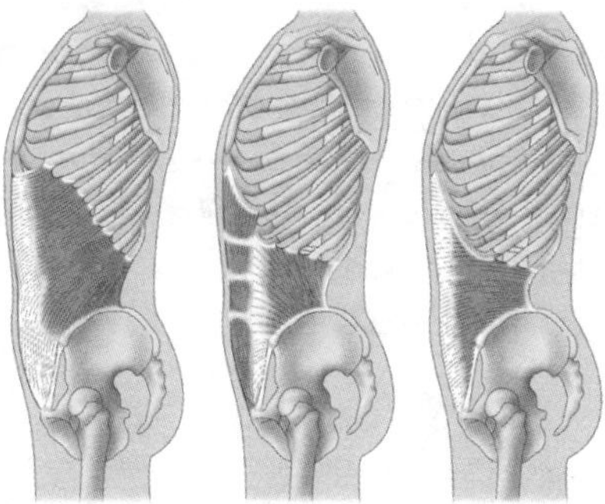

Les muscles abdominaux se composent de trois muscles latéraux et d'un muscle antérieur ayant chacun leurs fonctions propres et complémentaires les uns des autres.

Muscle transverse de l'abdomen

Le transverse est le muscle le plus profond. C'est un des plus importants muscles stabilisateurs du tronc. Il gaine le ventre et permet la contention des viscères. Il joue un rôle dans l'expiration, sa contraction fait remonter le diaphragme. Ils s'attachent :

- sur les cinq vertèbres lombaires ;
- sur la crête iliaque ;
- sur l'arcade crurale[1] ;
- sur la face profonde des sept dernières côtes.

Ses fibres se terminent sur une aponévrose antérieure (sorte de peau) qui rejoint celle du transverse opposé.

Contrairement aux autres muscles, les fibres du transverse sont à l'horizontale et forment une gaine de maintien très efficace pour les viscères. La contraction du transverse permet de rentrer le ventre.

Muscle petit oblique interne de l'abdomen

C'est le muscle latéral de l'abdomen. Situé sous le grand oblique et par-dessus le transverse, il forme un éventail qui s'attache en bas sur la crête iliaque, sur l'arcade crurale et sur l'aponévrose lombaire pour se terminer sur les quatre dernières côtes.

---

[1] L'arcade crurale est une bandelette fibreuse de 10 à 13 cm, très résistante, qui va de l'épine iliaque supérieure au pubis (pli de l'aine).

Le petit oblique permet l'inclinaison latérale du tronc ou la rotation. Quand les vertèbres sont fixes, il participe à l'expiration.

Muscle grand oblique externe de l'abdomen

Ce muscle couvre le devant et le côté de l'abdomen, du grand droit de l'abdomen jusqu'au grand dorsal.

Il s'attache sur les sept dernières côtes et sur la crête iliaque. Les fibres se terminent par l'aponévrose du grand oblique et se rejoignent pour former la ligne blanche de l'abdomen.

Il contribue à la flexion du tronc, à la rotation et à l'inclinaison latérale. Il participe également avec le transverse et le petit oblique à l'expiration active.

Muscle grand droit de l'abdomen

Le grand droit se situe à la partie antérieure de l'abdomen. C'est le plus superficiel des abdominaux. Il est contenu dans la gaine aponévrotique, formant la ligne blanche qui va de la base du sternum au pubis.

Il s'insère par trois tendons sur les dernières côtes ainsi que sur l'appendice xiphoïde du sternum. De là, il s'étend verticalement vers le bas, pour se terminer sur la symphyse pubienne.

Les grands droits sont au nombre de deux, répartis de part et d'autre de la ligne blanche. Sa musculature particulière, marbrée de petites séparations, peut apparaître sous la peau sous forme de « tablette de chocolat ».

Il permet la bascule du bassin en arrière si le point fixe est le thorax, ou la flexion antérieure du rachis si le point fixe est le bassin.

Il participe également à l'expiration active.

Périnée

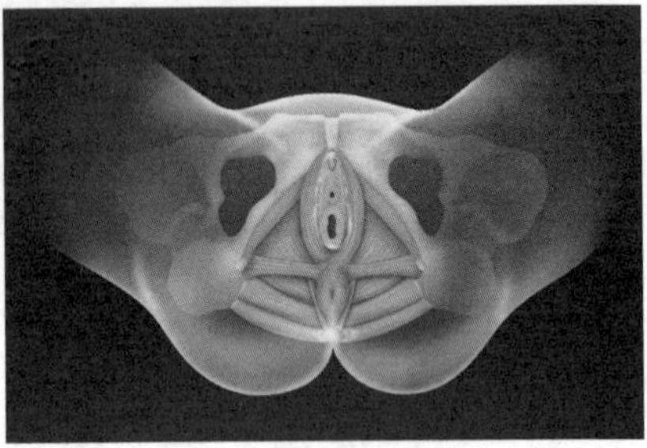

Muscle du plancher pelvien, le périnée soutient le contenu abdominal et évite les fuites intempestives. C'est un muscle qui intervient lorsque l'on se retient d'aller à la selle.

La musculation abdominale pour gainer naturellement le ventre

Comment tonifier ses abdominaux

Le transverse

Le transverse a une fonction spéciale, celle de se contracter sur lui-même. C'est à la fois un muscle strié et lisse, il répond aussi bien à la volonté qu'au système nerveux végétatif qui par voie réflexe lui permet entre autres de se contracter pour éternuer, tousser, vomir, accoucher, déféquer.

Mais en permanence il est garant de notre statique, de la protection de nos viscères et de la respiration. Il est élastique et peut se distendre par suite de distension interne et d'exercices inappropriés. Seule l'expiration active permettra de le renforcer ; les exercices n'agiront qu'indirectement sur lui.

Les obliques

Ils participent à la rotation et l'inclinaison latérale du tronc. Leur tonification appropriée permet de galber la taille.

Ils sont également actifs dans la phase expiratoire en resserrant les basses côtes.

Les grands droits

Ils jouent un rôle important dans la statique vertébrale, en collaboration avec les muscles paravertébraux. On peut les considérer comme des haubans stabilisateurs, permettant de nous maintenir droit.

Ils peuvent, en se contractant, nous permettre de rapprocher les épaules vers le bassin lorsque nous sommes debout, ou de mobiliser le bassin en direction des épaules si nous sommes couchés.

Il ne faut pas utiliser cette fonction pour les muscler car ils se raccourciraient et seraient susceptibles de modifier notre statique. Nous devrons les travailler par des contractions isométriques, surtout pas en raccourcissement. Ils seront sollicités en synergie avec les muscles du dos.

Exercices

Voici les règles de base :

- Travaillez en étirement vertébral pour favoriser la statique vertébrale et éviter les tassements, générateurs de discopathie et lombosciatique.
- Favorisez la remontée des organes et par là même s'opposer à leur descente.
- Sollicitez le transverse pendant l'expiration.

- Veillez à ne pas raccourcir les grands droits, il suffit de les travailler en isométrique.

Il existe des exercices simples, efficaces et à la portée de tous.

Volontairement, j'ai sélectionné des mouvements couchés, car la plupart des personnes ayant du ventre ont probablement des organes dont les ligaments sont distendus, des muscles fragiles et peuvent être sujets aux hernies. Il convient donc d'éviter que ces organes soient compressés vers le bas, ce qui accentuerait leur déficience.

En inversant la posture, les muscles agiront d'autant mieux que les organes, surtout le gros intestin et l'estomac, regagneront leur place.

Voici une sélection d'exercices particulièrement recommandés pour tonifier les muscles abdominaux tout en respectant la statique vertébrale.

Exercices d'échauffement (première série)

1. Couché sur le dos, genoux pliés, pieds à plat au sol. Plaquez la région lombaire au sol en expirant et en rentrant le ventre et en contractant le périnée. Le diaphragme monte et crée une poussée vers le haut.

2. Même position, même exercice, mais cette fois placez vos mains sur le ventre pour qu'elles contrôlent le travail musculaire. Prenez également conscience de la synergie de travail des abdominaux et du diaphragme.

3. Même position, même exercice, mais en portant les mains en arrière et en les laissant pendant toute la durée des exercices.

4. Même position, même exercice en ajoutant une contraction des fessiers et du périnée, toujours dans le but de favoriser la remontée des organes.

5. Assis au sol, jambes tendues, mains au sol, bras tendus, un peu en arrière, expirez en rentrant le ventre, en redressant le dos et en vous étirant vers le haut.

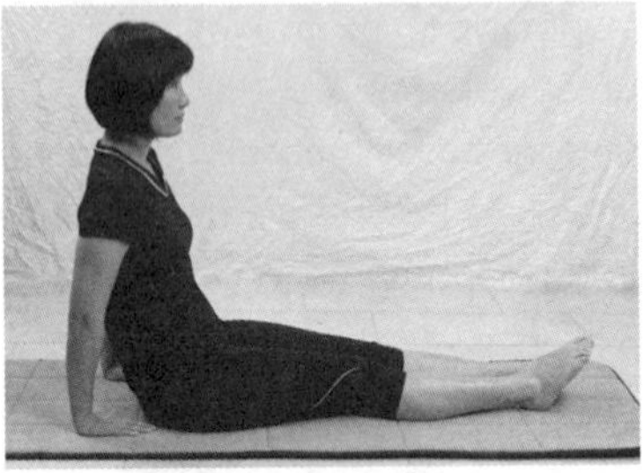

6. Même exercice, mais en ajoutant, pendant l'expiration, l'étirement vers le haut, la contraction des fessiers et du périnée.

7. Sur les genoux, à quatre pattes, mains au sol, expirez en rentrant le ventre et en étirant la colonne vertébrale, les fesses vers l'arrière, la tête en avant dans le prolongement de la colonne vertébrale.

8. Sur les genoux, à quatre pattes, poussez les mains au sol en avant pendant l'expiration, en rentrant le ventre.

9. Assis sur les talons, expirez en portant les mains en avant sur le sol, en rentrant le ventre tout en étirant la colonne vertébrale.

Fin de la première série.

Cette première série a pour but de vous faire prendre conscience d'une musculation des muscles abdominaux en collaboration avec l'étirement de la colonne vertébrale.

Bien qu'apparemment ces exercices ne soient pas spectaculaires, vous avez pu constater qu'ils agissaient efficacement, profondément et intelligemment.

Deuxième série

Critère de base : lors de chaque exercice, veillez à ce que la colonne vertébrale reste en extension.

1. Couché au sol, genoux pliés, pieds à plat au sol. Mettez les mains derrière la tête, expirez en rentrant le ventre, soulevez la tête en amenant le menton sur la poitrine, ce qui étire les cervicales.

2. Même exercice, mais cette fois en même temps que vous expirez, rentrez le ventre, et pendant que vous approchez le menton du cou, soulevez les jambes à la verticale.

3. Venez vous asseoir, en vous redressant et en restant bien droit, expirez et venez toucher la pointe des pieds tout en rentrant le ventre. Veillez à étirer la colonne vertébrale.
   La tête est dans le prolongement de la colonne, qui doit rester bien droite, sans courbure, ni flexion de la tête en avant.

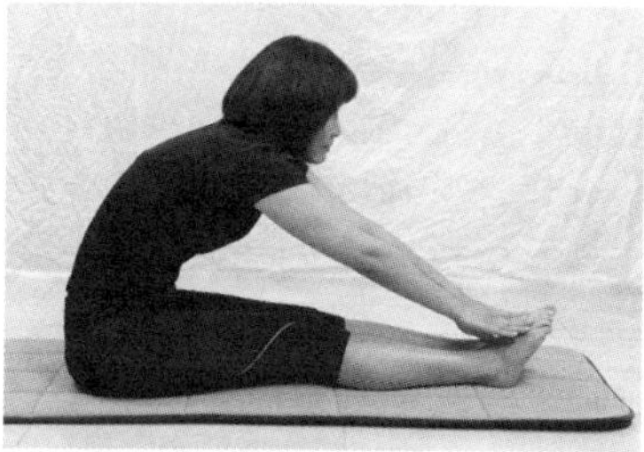

4. Couché au sol, expirez en empaumant votre genou droit et en l'amenant sur la poitrine, tout en rentrant le ventre et en étirant votre colonne vertébrale. Redescendez la jambe en inspirant et recommencez avec l'autre jambe.

5. Même exercice, mais avec les deux jambes en même temps.

6. Voici un exercice pour les obliques : couché au sol, genoux pliés, pieds à plat au sol, en expirant et en rentrant le ventre, amenez votre jambe droite près de votre poitrine, côté gauche, la tête tourne dans le sens opposé à la jambe. Recommencez de l'autre côté.

7. Même exercice, mais avec les deux jambes pliées. Pendant l'expiration, vous approchez les genoux du menton et les descendez du côté opposé. Revenez au centre en inspirant et descendez de l'autre côté. Pendant cette opération, les fesses décollent du sol, la nuque reste bien à plat, la colonne vertébrale est étirée.

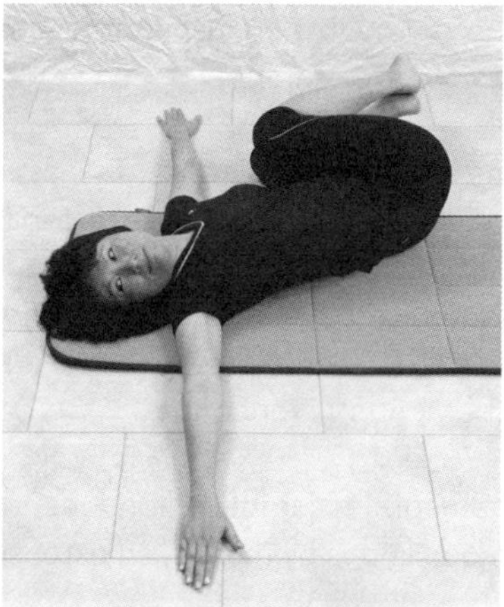

8. Même exercice, mais avec une jambe pliée qui ne bouge pas et l'autre jambe tendue qui descend du côté opposé, le pied gauche se rapproche de l'épaule droite. Les fesses décollent du sol, mais pas la nuque.

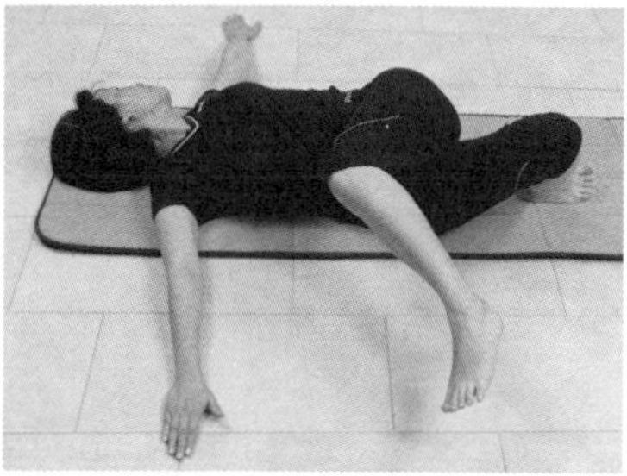

9. Même exercice, mais avec les deux jambes tendues. Les bras sont en croix au sol, le pied droit se rapproche de la main gauche pendant l'expiration.

Revenez au centre en inspirant et descendez de l'autre côté en expirant.

10. Même exercice, mais cette fois c'est le tronc qui bouge, les pieds et les fesses restent plaqués au sol, les genoux sont pliés et ne bougent pas. La torsion du tronc s'effectue avec l'aide des bras. Le bras droit tendu reste en appui au sol, le bras gauche vient à sa rencontre.

11. Assis au sol, les jambes allongées, écartées au maximum, le dos bien droit, en extension.

En expirant et en rentrant le ventre, faites une torsion à gauche : les doigts de la main gauche touchent le sol en arrière, la main droite vient toucher le sol devant la cuisse gauche. Veillez à maintenir le dos bien droit, la tête doit également rester droite. Restez quelques secondes dans cette position de torsion, le ventre rentré.

Revenez en inspirant et faites de même de l'autre côté.

Le yoga

Je lui dois la transformation de mon corps et de mon esprit.

Voici une série d'âsânas qui contribueront à tonifier votre ventre mais également vous apporteront de nombreux bienfaits et vous donneront l'envie d'aller plus loin dans cette merveilleuse pratique qui nous vient de la nuit des temps.

Étirement mains au ciel

Debout, portez les mains jointes au ciel. En inspirant et en vous étirant au maximum, soulevez-vous sur la pointe des pieds. Prenez conscience de la bonne position de votre colonne vertébrale et de votre bassin.

Veillez à rentrer le ventre en expirant et en descendant pour accomplir la position suivante.

Le tronc descend à angle droit par rapport au bassin, la colonne vertébrale est bien droite, les bras sont étendus horizontalement, la tête est droite et tirée vers l'avant.

Prenez conscience de la bonne rectitude de la colonne vertébrale, y compris des cervicales. La tête étire vers l'avant les cervicales, les omoplates sont resserrées. Inspirez en relâchant les abdominaux et passez à la position suivante.

Posez les mains sur les genoux en expirant et en rentrant le ventre. Veillez à conserver une parfaite rectitude du dos.

Venez toucher le sol en expirant et en rentrant le ventre.

Pliez les genoux en gardant le ventre rentré au maximum. Évitez de faire le gros dos, la colonne vertébrale reste droite et étirée.

Inspirez et portez le pied en arrière en expirant et en rentrant le ventre. La tête est droite, dans le prolongement de la colonne vertébrale. Veillez à ce que celle-ci soit bien droite et étirée.

Passez à la position suivante en rejoignant l'autre pied et en montant les fesses et le bassin. Restez en appui sur les mains en avant. La colonne vertébrale est bien droite, entrez le ventre au maximum en expirant.

Redescendez le bassin. Pliez les coudes et approchez-vous du sol, relevez la tête en regardant le sol, gardez le tronc droit. Paume des mains au sol, doigts pointés vers l'avant.

En inspirant, relevez le tronc, en veillant à ce que la tête reste dans le prolongement de la colonne vertébrale. Le regard est fixé au sol.

Passez à la posture suivante en relevant les hanches et en projetant les fesses vers le ciel, expirez en rentrant le ventre. Étirez la colonne vertébrale, bien droite, tête dans son prolongement, regard au sol.

Puis en inspirant, levez une jambe au ciel, suivant la photo, descendez la jambe en expirant, et recommencez avec l'autre jambe.

Passez à la posture suivante en plaçant le pied droit au sol, entre les mains. Rentrez le ventre pendant l'expiration.

Inspirez et expirez en portant le pied gauche qui vient rejoindre le pied droit entre les mains, le dos est droit, la tête est dans son prolongement.

Dans la posture suivante, le tronc et la tête se rapprochent des genoux, en veillant à ne pas faire le gros dos ; expirez et rentrez le ventre au maximun.

Finissez cette série de postures par un étirement général du corps. Mains au ciel, inspirez et étirez-vous au maximum, en remerciant le ciel et le soleil des bienfaits qu'ils peuvent nous apporter. Prenez conscience du bien-être que nous procure cette série de postures, contribuant à tonifier intelligemment nos muscles abdominaux et nos fessiers, à assouplir nos articulations et principalement notre colonne vertébrale, à activer notre circulation tant fluidique que vasculaire et à favoriser notre sérénité.

La marche

La vie sédentaire, c'est l'ennemi n° 1 de l'homme moderne et du ventripotent. Pour les personnes allergiques à la gymnastique ou au yoga, reste cette forme d'exercice bien acceptée et indispensable : la marche.

La motorisation nous a enlevé un acte des plus utiles à l'homme. Elle nous mettait en relation directe avec la nature, créant le plus souvent un apaisement de notre système nerveux.

Marcher nous aide à brûler nos toxines, elle stimule la respiration, régularise les fonctions hormonales, active la circulation, favorisant ainsi tout le fonctionnement de nos organes. Elle calme notre tension nerveuse.

La marche est médicalement indiquée chez les diabétiques et très conseillée chez les cardiaques.

La marche prolonge la vie, et peut rendre la vie meilleure.

Marchez souvent, laissez votre voiture et promenez-vous dans la nature, vous retrouverez un plaisir que vous aviez peut-être oublié.

Technique

1. Attaquez la marche par le talon de la jambe qui est en avant pendant que les orteils de la jambe arrière se plient complètement.
2. Veillez à ce que votre genou soit tendu quand vous repoussez le sol.
3. N'hésitez pas à faire de grandes enjambées, vous pourrez faire des kilomètres sans vous fatiguer.

CONCLUSION – LES DIVERSES POSSIBILITÉS

Plusieurs possibilités s'offrent à vous, c'est à vous de choisir en fonction de votre état, de votre temps et de vos besoins. À présent, vous savez qu'un ventre plat ne peut s'obtenir et se conserver qu'en respectant une certaine hygiène de vie. Voici plusieurs solutions à choisir, suivant vos cas, vos possibilités, votre volonté.

Vous souhaitez en finir avec ce ventre et vous êtes prêt à faire le maximum.

Vous choisissez de jeûner, une ou deux journées, ou la monodiète pendant 3, 4, ou 5 jours (voir page 115, « Le jeûne »).

La veille au soir, prendre une infusion laxative de séné ou de bourdaine, ou plus légère de mauve ; son action est plus douce et convient aux intestins fragiles.

Chaque jour, prendre 3 à 4 tasses de tisane au choix : thym, romarin, sauge, l'une ou l'autre ou les trois ensemble.

Boire également entre les repas un à deux litres d'eau pure.

Nettoyez vos intestins par douche rectale de temps en temps (voir page 249, « La douche rectale »).

Le nettoyage du nez est également souhaitable. Le jeûne désintoxique, les toxines intérieures veulent sortir.

Pendant le jeûne ou la monodiète et ensuite : friction, massage, digitopuncture, bain aromatique, bain de siège, seront les bienvenus.

La reprise alimentaire sera progressive.

Tenir compte des règles d'hygiène générale largement exposées dans cet ouvrage.

Votre état n'est pas alarmant : vous n'êtes pas obligé de faire le jeûne ou la monodiète.

Vous pouvez vous contenter de respecter les règles suivantes. Les résultats seront proportionnels à vos efforts.

Évitez : les sucreries, la confiture, le miel, le pain, les pâtes, les pizzas, les semoules, les graisses animales, les conserves, les mélanges viande/féculents, ou féculents/fruits acides.

Consommez de préférence :

- jus de légumes en début de repas (éventuellement) ;
- salade et crudités ;
- légumes verts cuits à l'étouffée ;
- un peu de céréales complètes en petites quantités agrémentées d'huile d'olive et de persillade, ou d'autres épices ;
- un peu de céréales complètes en petites quantités : riz basmati, quinoa, sarrasin, avoine, millet ;
- poissons frais (éviter le thon, le saumon et les poissons d'élevage qui contiennent des métaux lourds, préférez les petits poissons sauvages) ;
- viande blanche bio de préférence, ou viande des Grisons ou jambon cru ;

- un peu de fromage non fermenté (tomme de brebis, chèvre de préférence) ;
- les fruits et jus de fruits en dehors des repas ou un repas exclusivement de fruits ;
- boire peu ou pas pendant les repas, éventuellement une infusion en fin de repas (menthe, verveine, basilic, fenouil, carvi, pour faciliter la digestion) ;
- boire de l'eau en dehors des repas ;
- une infusion le matin à jeun ou le soir avant de se coucher est une bonne éventualité ;
- favorisez votre sommeil, il est réparateur et régulateur de notre production de cytokines, correspondant à des glycoprotéines, comparables aux hormones, qui sont très impliquées dans les processus inflammatoires. 7 à 8 heures de sommeil sont indispensables. Conseil pour bien dormir : le repas du soir doit être léger, prendre une infusion de tilleul ou d'oranger avant de se coucher. Vous pouvez aussi mettre quelques gouttes d'huile essentielle de lavande, de lavandin ou d'estragon sur votre oreiller ou vaporiser les « Brumes d'oreiller » des Laboratoires Mességué ;
- prenez du NM Flore (voir page 255).

Avec ce minimum de considération pour le respect de votre système digestif, votre ventre s'améliorera. Mais n'hésitez pas à y ajouter :

- les points de digitopuncture ;
- les automassages ;
- les exercices, éventuellement quelques postures de yoga ;
- les compléments alimentaires.

Le yoga

À pratiquer suivant vos possibilités, en tenant compte qu'avec la patience et la perspicacité vous serez récompensé.

L'alimentation que je vous propose vous y aidera, car vous y gagnerez en souplesse. Inutile de forcer ; jour après jour, vous acquerrez équilibre et self-control, tonus musculaire, ventre plus plat.

Apprenez à bien respirer et à vous relaxer. Cette attitude et cette autodiscipline seront un bon début.

Pour en savoir plus sur le yoga, je vous conseille mon livre précédent : *Yoga, digitopuncture et alimentation*, paru aux Éditions Chariot d'Or.

Les exercices : 5 ou 10 minutes chaque jour sont préférables à 1 heure une fois par semaine. En plus de tonifier vos abdominaux, ils activeront votre circulation.

Comment organiser une journée

1. **Le matin à jeun.** Commencez par boire un verre d'eau tiède avec ou sans citron, à votre convenance ou avec quelques gouttes de macérat de bourgeons (gemmothérapie). Préalablement, laissez fondre sur la langue les granules d'homéopathie, si elles vous sont indiquées.
2. Stimulez vos points énergétiques.
3. Ensuite, faites un peu d'exercice ou de yoga, puis une douche suivie de friction ou de massage.
4. **Petit-déjeuner** copieux : au choix suivant les différentes propositions, suivant la saison, votre âge et vos occupations.
5. **Midi :** viande ou poisson, ou céréales complètes.

Légumes, salade. Évitez les fromages et les desserts.

6. **Milieu de l'après-midi :** fruits de saison.
7. **Soir :** dîner léger et tôt si possible. Poisson ou viande blanche ou jambon ou omelette ; légumes, salade.
8. **Avant de se coucher :** tisane ou pomme. Relaxation. Homéopathie ou gemmothérapie si nécessaire.

Questions-réponses

Q.- *Doit-on obligatoirement faire une ou deux journées de jeûne avant d'entreprendre sa cure hygiénique d'amincissement ?*

R.- Ce n'est pas absolument nécessaire, mais il est souhaitable de faire au moins trois jours de monodiète afin de mettre au repos tout le système digestif, le foie en particulier.

Q.- *Le jeûne est-il dangereux, peut-on craindre pour ses organes nobles : fonte tissulaire au niveau du foie ou du système nerveux par exemple ?*

R.- Pendant un jeûne très court, les organes vitaux ne risquent rien : ce sont essentiellement les graisses contenant de nombreuses toxines qui fondent en premier, ensuite viennent les muscles. Le peu de muscles perdus sera vite récupéré avec un quelques exercices et une alimentation saine. Le manque de mouvement est plus préjudiciable aux muscles que le jeûne. Je me permets de vous répéter que le jeûne ne doit pas être utilisé comme un moyen d'amaigrissement mais de nettoyage de l'organisme.

Le seul désagrément du jeûne, c'est la crise de désintoxication. C'est en fait une très bonne chose pour notre santé puisqu'elle est la preuve de l'élimination de nos toxines.

Q.- Doit-on supprimer le sel ?

R.- Si vous n'éprouvez pas le besoin de saler, alors passez-vous-en.

En fonction de la loi des Cinq Élément, il est totalement déconseillé en hiver. Sinon, réduisez la ration au minimum car il favorise l'hypertension artérielle, génératrice de troubles cardiaques et cérébraux entre autres. Si l'on réfléchit, le sel n'existe pas dans l'alimentation originelle ; les animaux n'en consomment pas, sauf exception. Il est donc préférable de s'en déshabituer progressivement. Il existe des substituts naturels à base de plantes contenant moins de sel : Herbamare, Seloplante et d'autres compositions avec moins de sodium et plus de potassium.

Q.- Serait-il bon d'être végétarien ?

R.- Il n'est pas nécessaire d'être végétarien pour perdre son ventre. Mais le végétarisme adopté intelligemment peut apporter certaines satisfactions. Si vous n'aimez pas la viande, il ne sert à rien d'en manger. Vous pouvez trouver tout ce dont vous avez besoin dans le végétal, mais soyez prudent et attentif.

Au contraire, si vous sentez le besoin absolu de consommer de la viande, alors usez-en modérément, diminuez votre consommation progressivement, mangez davantage de légumes, de fruits, de crudités, de salade.

Q.- *Je trouve que les légumes n'ont pas beaucoup de goûts.*

R.- Cela dépend de la provenance des légumes, de leur cuisson et de leur accompagnement. Les légumes bio ont l'avantage de contenir moins de pesticides et d'avoir plus de goût. La cuisson doit se faire à petit feu, ils doivent cuire lentement et être agrémentés avec des épices et des herbes aromatiques.

Q.- *J'aime les bonnes choses et il m'est difficile de m'en priver.*

R.- Bravo, moi je suis épicurien, fils et petit-fils de pâtissier, j'aime ce qui est vraiment bon : j'ai rééduqué mon goût. Je mange moins mais mieux. Chaque repas est une fête. La cuisine est rapide et simple, les aliments frais et bio sont de bonne qualité. Je mange moins mais mieux. Bien mâcher, c'est retrouver le vrai goût des choses. Les crudités se préparent rapidement, juste un peu de bonne huile d'olive ou de colza, de jus de citron ou de vinaigre balsamique, un tout petit peu de sel, un brin de persil ou de ciboulette, ou de basilic, suivant la saison, et bon appétit.

Le poisson peut être agrémenté de fenouil ou de graines d'anis vert. Les viandes avec du thym ou du romarin.

Les légumes sont cuits à l'étouffée, avec ou sans céréales complètes, ou des champignons.

Après le repas, une bonne tisane digestive : menthe, verveine, fenouil.

La vie est belle, sans problème digestif, et quelle satisfaction quand vos intestins libérés dégonfleront votre ventre.

Q.- Que faire si je mange à l'extérieur ?

R.- Emportez :

- des fruits, et faites-vous un repas de fruits ;
- ou des crudités et des céréales ;
- ou une salade complète avec du jambon ou un œuf dur ;
- ou des crêpes ou une omelette au fromage.

Quand c'est possible, après le repas imposé, prenez une tisane digestive.

Q.- Je ne supporte pas les crudités.

R- C'est que votre système digestif est déficient, raison de plus pour le mettre au repos. Commencez par des jus de légumes additionnés d'eau si nécessaire, à boire en début de repas, et des jus de fruits en dehors des repas. Évitez le jus de tomate qui est acide. L'idéal, c'est le jus de carotte ou un cocktail régénérant : carotte, céleri, betterave rouge, à consommer de préférence immédiatement après sa réalisation, pour profiter de toute son énergie et éviter son oxydation qui lui fera perdre une partie de ses propriétés.

Puis progressivement, essayez les crudités coupées finement, mâchez-les bien, vous les digérerez mieux.

Cuisez vos légumes à l'étouffée, et diminuez-en la cuisson au fur et à mesure de l'habitude.

Q.- Je n'ai pas assez de temps pour faire tout ce que vous conseillez.

R.- Faites ce que vous pouvez. Vous ne regretterez jamais de vous lever un quart d'heure plus tôt pour faire 10 minutes de mouvements avec quelques bonnes respirations. Ce quart d'heure vous mettra en forme pour toute la journée, surtout si vous prenez une douche suivie d'une friction au gant de crin.

Q.- *Votre alimentation coûte-t-elle plus cher ?*

R.- Effectivement, l'alimentation biologique coûte un petit peu plus chère, mais vous mangerez moins et mieux, vous éviterez le gaspillage et si vous supprimez l'alcool, le tabac, les sodas et que vous profitez d'une meilleure santé, tout compte fait vous serez largement gagnant.

Q.- *Si je comprends bien, il suffit de modifier son alimentation, de faire des mouvements et tout ira bien ?*

R.- Tout ira mieux. Bien qu'alimentation et exercice physique jouent un grand rôle, ce n'est pas tout. Ce dont nous avons besoin c'est d'un idéal, d'un but. Votre objectif actuel sera d'avoir un ventre plat et par là même une meilleure santé.

L'ambiance, l'environnement influent considérablement sur notre santé. La paix intérieure, la confiance en soi, la pratique du yoga, de la digitopuncture, jouent un rôle équilibrant sur le bon fonctionnement organique. Voilà pourquoi je vous suggère plusieurs solutions qui vous ouvriront de nouveaux horizons.

Avoir de bons amis qui partagent vos convictions, aimer la nature, pratiquer un sport, ou tout simplement faire de longues marches le plus souvent possible.

Il existe des endroits où l'on se sent bien, d'autres où l'on est mal à l'aise car les personnes, les choses, les lieux émettent des ondes bienfaisantes ou malsaines. N'oublions pas que nous sommes en résonance avec tout ce qui nous environne.

La source de notre vie, c'est l'énergie, et nous devons fuir tout ce qui perturbe notre énergie. Essayons de vivre dans le milieu qui nous convient.

Q.- Il ne m'est pas possible de modifier à ce point mon alimentation et je n'ai pas de place pour pratiquer chez moi du yoga ou de la gymnastique.

R.- Dans ce cas observez les règles suivantes :

- Mâchez jusqu'à ce que les aliments soient réduits en bouillie.
- Ne buvez pas en mangeant.
- Buvez des infusions digestives après le repas si vous le souhaitez.
- Buvez des infusions le matin à jeun ou un grand verre d'eau tiède.
- Buvez de l'eau dans la journée entre les repas.
- Aidez-vous des automassages et de la digito-puncture.
- Apprenez à bien respirer et à vous relaxer.
- Supprimez au maximum : sucre, alcool, café, graisses animales.
- Si vous le pouvez, inscrivez-vous dans un club de yoga ou faites de la rééducation chez un bon kinésithérapeute.
- Ne négligez pas les bonnes marches, dans la nature si possible.
- Si vous pouvez faire une journée de monodiète ou une journée à consommer exclusivement des fruits de temps en temps, les résultats seront encore meilleurs et plus rapides.

TABLE DES MATIÈRES

Disponibles chez PiKtos Poche

Ésotérisme

GARIBAL Gilbert, *La Franc-maçonnerie*
RAQUIN Bernard , *Le Voyage astral*
SILVESTRE Colette, *Le Cours de Tarot de Colette Silvestre*

Psychologie/Développement personnel

ESSIQUE Lucien, *Les Blessures de l'enfance*
ESSIQUE Lucien, *Les Maux de l'âme, les maux du corps*
MÉDICI Christophe, *Les Personnes toxiques*

Sagesse/Spiritualité

BONNAL François, *La Connexion à son âme*
DEPRAZ Sabrina, *La Communication avec l'au-delà*
DEPRAZ Sabrina, *L'Éveil spirituel*
HALÉVY Marc, *La Kabbale initiatique*
WIRTH Thierry, *Les Vierges noires*

Santé/Bien-être

BINET Claude, *L'Homéopathie pratique*
CLERGEAUD Lionel, *La Gymnastique oculaire*
DARRIGOL Jean-Luc, *Les Vitamines, minéraux et oligoéléments*
KIEFFER Daniel, *Les Cures naturopathiques*
MANDORLA Jacques, *Le Magnétisme*
STAEHLE Jacques, *Effacer le ventre*
WAGNER Paul, *Le Reiki*